Deutsch als Fremdsprache

Goranka Rocco

Übungsgrammatik für Anfänger

Illustrationen von Conrado de Gennaro

Verlag Liebaug-Dartmann

1. Auflage 2008, Meckenheim
Druckerei Carthaus
Printed in Germany
ISBN 978-3-922989-74-5

Inhaltsverzeichnis

Vorwort

Die vorliegende Übungsgrammatik richtet sich an Lernende, deren Sprachkenntnisse vom Anfangsniveau bis zur Stufe A2 des Gemeinsamen Europäischen Referenzrahmens reichen. Als Übungs- und Nachschlagegrammatik dient sie zum Erlernen, Wiederholen und Vertiefen von Strukturwissen und kann sowohl im Rahmen des Deutschunterrichts als auch im Selbststudium eingesetzt werden.

Das Lehrwerk ist lernerfreundlich klar gegliedert und kleinschrittig organisiert. Es gliedert sich in 40 Kapitel, die jeweils aus einer Übersicht und einem Übungsteil bestehen. Ausgangspunkt für die Erläuterung der grammatischen Strukturen sind Beispiele in Form von kurzen Texten und Dialogen, die teilweise auch durch Bilder veranschaulicht sind. In den anschließenden Übersichtsdarstellungen werden die Grammatikregeln systematisch zusammengefasst. Dabei sind die Darstellungen, die den funktionalen Aspekt der eingeführten Strukturen betreffen, jeweils den Formendarstellungen vorangestellt.

Das Einüben der grammatischen Strukturen ist in der Regel in Kommunikationskontexte eingebettet (kurze Dialoge, E-Mails, Postkarten, Hinweise auf die Gesprächssituationen: „in der Disko", „im Ausländeramt", „zu Hause"). Dem Unterschied zwischen der geschriebenen und der gesprochenen Sprache wird dabei stets Rechnung getragen.

Im Lehrwerk sind verschiedene Übungstypen vertreten, von Zuordnungsaufgaben und Lückentexten bis hin zu produktiven Übungen, die die Fähigkeit zum vorgabeorientierten Verfassen von kurzen Texten fördern.

Besonderes Augenmerk gilt auch Übungen, die mit dem Verständnis grammatischer Strukturen verbundene Leseverstehensprobleme in Angriff nehmen (z. B. Unterscheidung von Singular und Plural bei der *n*-Deklination: „mit dem Kollegen" vs. „mit den Kollegen", Erkennen von Grundwort und Bestimmungswort bei Wortbildungen: „Gartenblume" vs. „Blumengarten").

Aus Gründen der Vollständigkeit werden im Buch stellenweise auch Strukturen vorgestellt, die über das A2-Niveau hinausgehen; die entsprechenden Übungen sind jedoch grundsätzlich rezeptiv angelegt (z. B. Partizipien: verbale Formen erkennen und zuordnen).

Dem Verlag und allen Personen, die bei der Entstehung dieses Buchs mitgewirkt haben, und insbesondere meinen Freundinnen und Kolleginnen Susanne Backhaus, Andrea Birk und Andrea Lax, möchte ich für ihre wertvollen Anregungen und Hinweise danken. Besonderen Dank schulde ich dem Autor der Buchillustrationen, Herrn Conrado de Gennaro.

Die Autorin

1 Nomen und Artikelwörter

1 Genus

der **Tisch,** ***die*** **Lampe,** ***das*** **Sofa**

I Maskulin (*der Tisch*), Feminin (*die Lampe*), Neutrum (*das Sofa*)

In der deutschen Sprache gibt es drei Genera: Maskulin, Feminin und Neutrum. Man muss das Genus zusammen mit dem Nomen lernen.
Bei einigen Nomen erkennt man das Genus an der **Bedeutung** (z.B. Monate: immer maskulin) oder an der **Endsilbe** (z.B. *-ung*: immer feminin):

Maskulin (der)

Wochentage:	der Montag, der Dienstag, der Mittwoch
Monate:	der Januar, der Februar, der März
Jahreszeiten:	der Sommer, der Herbst, der Winter, der Frühling
Tagesabschnitte:	der Morgen, der Abend, der Mittag, der Vormittag (Aber: *die* Nacht!)
Alkoholgetränke:	der Wein, der Whisky, der Cognac, der Schnaps (Aber: *das* Bier!)
Himmelsrichtungen:	der Norden, der Süden, der Osten, der Westen
Wettererscheinungen: (Niederschläge, Wind)	der Regen, der Schnee, der Nebel, der Wind, der Tornado
Automarken:	der BMW, der Fiat, der Audi (Motorräder: *die* Yamaha, *die* Kawasaki)
Elektrogeräte und Werkzeuge auf *-er*:	der Comput*er*, der CD-Play*er*, der Fernseh*er*, der Mix*er*, der Wasserkoch*er*, der Bohr*er*, der Hamm*er*
viele Nomen auf *-us*:	der Sozialism*us*, der Kapitalism*us*, der Fundamentalism*us*
Nomen der *n*-Deklination:	der Junge, der Kollege, der Kunde (→ Kapitel 4)

Feminin (die)

viele Nomen auf *-e*:	die Katz*e*, die Lamp*e*, die Küch*e* (aber: *der* Junge → *n*-Deklination, Kapitel 4)
alle Nomen auf *-ung, -heit, -keit, -ion, -schaft, -ei, -tät, -ie, -ik*:	die Rechn*ung*, die Frei*heit*, die Geschwindig*keit* die Organisat*ion*, die Freund*schaft*, die Bäcker*ei* die Universi*tät*, die Demokrat*ie*, die Polit*ik*

Neutrum (das)

Nomen auf *-chen, -lein*:	das Häus*chen*, das Mäd*chen*
Nomen auf *-um*:	das Muse*um*, das Vis*um*, das Dat*um*
Nomen auf *-ment*:	das Doku*ment*, das Parla*ment*, das Kompli*ment*
nominalisierte Infinitive	leben → das Leben, essen → das Essen trinken → das Trinken, hören → das Hören

Wortbildung: —) sözcük oluşturma

der Tag	→	*der* Sams*tag*, *der* Wochen*tag*, *der* Feier*tag*
der Kurs + *das Buch*	→	*das* Kurs*buch*
die Arbeit + *das Buch*	→	*das* Arbeits*buch*

II *Der* Mann – *die* Frau, *der* Vater – *die* Mutter

Familie

der Vater	***die*** Mutter
der Bruder	die Schwester
der Sohn	die Tochter

Berufe und Rollen

der Lehrer	die Lehrer*in*
der Informatiker	die Informatiker*in*
der Arzt	die Ärzt*in*
der Koch	die Köch*in*
der Schüler	die Schüler*in*
der Freund	die Freund*in*
der Student	die Student*in*
der Kollege	die Kolleg*in*
der Kunde	die Kund*in*

Dikkat etmek

Beachten Sie!

der Geschäfts*mann*	die Geschäfts*frau*
der Ehe*mann*	die Ehe*frau*
der Cousin	die Cousine

1. Bilden Sie Paare.

Bruder – Kundin – Schwester – Schwager – Oma – Neffe – Großvater – Onkel Schwägerin – Patient – Tante – Ehefrau – Opa – Ehemann – Cousin – Nichte Schulleiterin – Großmutter – Kunde – Patientin – Schulleiter – Cousine

der Onkel – die Tante, … der Bruder – die Schwester, der Opa – die Oma
der Großvater – die Großmutter, der Kunde – die Kundin
der Cousin – die Cousine, der Ehemann – die Ehefrau,
der Schulleiter – die Schulleiterin, der Patient – die Patientin
der Schwager – die Schwägerin, der Neffe – die Nichte

2. Sortieren Sie die Nomen nach der *Bedeutung* oder nach der *Endung*.

VW – Wind – Reinigung – Herbst – Kfz-Mechaniker – Kolosseum – Koch Kawasaki – Regen – Winter – Mercedes – Scanner – Deutschlehrerin – Drucker Sommer – Kindergärtnerin – Kunstmuseum – Harley Davidson – Zahlung Taxifahrer – Visum – Kommunikation – Programmierer – Büchlein – Mädchen Produktion – Physiker – Schnee – Audi – Computer – Union

m. Männerberufe: *der Kfz-Mechaniker, der …* Taxifahrer, der Programmierer, der Physiker, der Koch

Jahreszeiten: *der Sommer, der …* Herbst, der Winter

Wettererscheinungen: *der Regen, der …* Wind, der Schnee

Autos: der Audi, der Mercedes, der VW

Geräte auf *-er*: der Scanner, der Computer, der Drucker

f. Frauenberufe: die Deutschlehrerin, die Kindergärtnerin

Motorräder: die Harley Davidson, die Kawasaki

Nomen auf *-ung, -ion*: die Reinigung, die Zahlung, die Kommunikation, die Produktion, die Union

n. Nomen auf *-chen, -lein*: das Mädchen, das Büchlein

Nomen auf *-um*: das Kolosseum, das Visum, das Kunstmuseum

3. *Der*, *die* oder *das*?

1. Hat der Professor heute Sprechstunde? – Nein, heute ist die Fakultät geschlossen.
2. Mmm … das Würstchen schmeckt wirklich gut! – Ja, aber das Brötchen ist hart!
3. Der Wasserkocher kostet 12 € und der Mixer 25 €. – Und was kostet die Pfanne?
4. Guten Tag, ich möchte das Wörterbuch umtauschen. – Gehen Sie bitte in die zweite Etage, dort ist die Abteilung „Fremdsprachen".

4. *Der*, *die* oder *das*? <u>Unterstreichen</u> Sie die Endung und ergänzen Sie den Artikel.

der	Sozialismus	der	Holzhammer	die	Organisation
das	Stadtmuseum	die	Freundschaft	das	Hähnchen
die	Kriminalität	der	Bohrer	die	Schönheit
die	Dummheit	die	Bücherei	der	Farbfernseher
der	Nationalismus	die	Demokratie	die	Bäckerei
die	Wirklichkeit	die	Prüfung	die	Lampe
die	Zeitung	der	Mixer	die	Universität
das	Parlament	die	Politik	die	Neurologie
die	Wissenschaft	die	Buchhandlung	der	DVD-Player
die	Biologie	die	Katze	die	Küchenlampe
das	Dokument	die	Physik	die	Kommode
die	Studentin	das	Datum	die	Köchin
der	Klassizismus	die	Konditorei	der	Geschirrspüler

2 Plural

eine Lampe – zwei *Lampen*, ein Tisch – drei *Tische*

Man muss die Pluralendungen *(-en, -e, -er …)* zusammen mit dem Nomen lernen.

-(e)n

die Lampe – die Lampen
→ **die meisten femininen Nomen**
die Katze – die Katzen, die Hose – die Hosen,
die Prüfung – die Prüfungen, die Möglichkeit – die Möglichkeiten

→ **Berufe und Rollen**
die Lehrerin – die Lehrerin**nn**en, die Studentin – die Studentin**nn**en

→ **Nomen der *n*-Deklination** (→ Kap. 4)
der Junge – die Jungen, der Student – die Studenten,
der Türke – die Türken, der Pole – die Polen

-e

der Tisch – die Tische
→ **die meisten maskulinen und neutralen Nomen**
der Tag – die Tage, das Spiel – die Spiele

¨-e

Umlaut *(a → ä, o → ö, u → ü)*: viele maskuline Nomen
der Koch – die Köche, der Stuhl – die Stühle

–

der Computer – die Computer
→ **maskuline und neutrale Nomen auf *-el, -er, -en, -chen, -lein***
der Deckel – die Deckel, das Fenster – die Fenster,
der Wagen – die Wagen, das Mädchen – die Mädchen, das Tischlein – die Tischlein

¨–

Umlaut *(a → ä, o → ö, u → ü)*: viele maskuline Nomen
der Apfel – die Äpfel, der Bruder – die Brüder

er

das Kind – die Kinder
→ **viele neutrale Nomen (auch einige maskuline Nomen)**
das Kleid – die Kleider, das Lied – die Lieder

¨-er

immer mit Umlaut *(a → ä, o → ö, u → ü)*
das Fahrrad – die Fahrräder, das Buch – die Bücher

s

das Auto – die Autos
→ **Abkürzungen**
der PKW – die PKWs, der LKW – die LKWs, die DVD – die DVDs

→ **viele englische und französische Wörter**
(besonders auf *-a, -i, -o, -y*):
das Foto – die Fotos, das Taxi – die Taxis, die Party – die Partys, der Song – die Songs

Kein Plural:

1) Milch, Zucker, Gold, Eisen, Dynamit → **Stoffnamen**
2) zwei *Kilo* Tomaten, 80 *Gramm* Pralinen → **Mengenangaben**
   ABER: 30 Tonne*n* Fleisch, 40 Flasche*n* Bier
3) Liebe, Glück, Verstand → **viele abstrakte Nomen**

Immer im Plural (Pluraletantum):

Ferien, Ostern, Pfingsten, Flitterwochen, Kosten, Spesen, Alimente, Masern, Tropen, Leute

Übungen

1. Ordnen Sie die Nomen zu.

Lampe – Onkel – Fenster – Küche – Kundin – Lautsprecher – Bruder – Mädchen – Mantel – Hose – Kugelschreiber – Brötchen – Flasche – Fakultät – Fehler Cousine – Wagen – Freiheit – Lehrer – Kuchen – Rechnung – Drucker – Kollegin Übung – Gesellschaft – Büchlein – Zeichen – Bäckerei – Studentin – Schülerin

a) Feminine Nomen mit Pluralendung *-(e)n*:

die Lampe – die Lampen, …

b) Maskuline und neutrale Nomen auf *-el, -er, -en, -chen, -lein*:

der Mantel – die Mäntel, …

2. *Der Koch – die Köche, der Tag – die Tage.* Mit oder ohne Umlaut?

Bart – Markt – Strand – Arzt – Hund – Sohn – Gast – Bus – Zug – Rock – Plan Topf – Kühlschrank – Saft – Monat – Bleistift – Arm – Stuhl – Feiertag

der Koch – die Köche	der Tag – die Tage
der Strand – die Strände, …	

3. ***Das Bild – die Bilder, das Auto – die Autos.* Welche Pluralform ist richtig?**

Dia – Buch – Kino – Lied – Dorf – Sofa – Foto – Kind – Taxi – Glas – Team – T-Shirt
Hobby – Fahrrad – Video – Baby – Übungsbuch – Motorrad – Bundesland

das Bild – die Bilder (*-er, ̈-er*)	das Auto – die Autos (*-s*)
das Buch – die Bücher, …	das Kino – die Kinos
das Kind – die Kinder	das Sofa – die Sofas
das Motorrad – die Motorräder	das Foto – die Fotos
das Fahrrad – die Fahrräder	das Hobby – die Hobbys
das Bundesland – die Bundesländer	das Video – die Videos
das Übungsbuch – die Übungsbücher	das Baby – die Babys
das Lied – die Lieder	das Glas – die Gläser
das Dorf – die Dörfer	das Team – die Teams
	das T-Shirt – die T-Shirts
	das Dia – die Dias
	das Taxi – die Taxis

4. Ergänzen Sie die Pluralendungen.

1. In unserer Multimedia-Abteilung finden Sie Fernseher–, Computer–, Drucker– und Handy s, sowie auch Video s, CD s und DVD s.
2. Für die Party brauchen wir noch sechs Flasche n Cola, zwei Kiste n Bier, zehn Brötchen–, drei Tüte n Chips, zwei Kilo– Tomate n und zwanzig Teller– aus Pappe.

5. Wie lautet die richtige Pluralform? *für zwei Freunde – mit zwei Freunden*

Beispiel: *Ich lebe seit drei Monaten in Deutschland.* Plural: *Monate*

Die Pluralendung ist ***-e*** (*der Monat – die Monate*);
-n (*Monaten*) ist die Endung für Dativ Plural (*seit* + Dativ)

1. Er kommt mit drei *Freunden*. Plural: *Freunde*
2. Er spricht manchmal mit seinen *Katzen*. Plural: *Katzen*
3. Wir haben schon mit vielen *Leuten* darüber gesprochen. Plural: Leute
4. Ich mache seit drei *Jahren* Urlaub in der Türkei. Plural: Jahre
5. Er hat den alten *Frauen* geholfen. Plural: Frauen
6. Er ist vor drei *Tagen* nach Griechenland gefahren. Plural: Tage
7. Wie geht es deinen *Kindern*? Plural: Kinder
8. Was machen wir jetzt mit diesen *Lampen*? Plural: Lampen

3 Kasus

Der Schulleiter* sucht *den Lehrer.

- ● Ist der Schulleiter schon hier?
- ○ Der Schulleiter sucht gerade den neuen Lehrer!
- ● Und wo ist der neue Lehrer?
- ○ Er parkt gerade seinen Wagen.

I Nominativ — Wo *ist* **der neue Lehrer**? **Der Schulleiter** *ist* nicht hier. — *sein* + Nominativ

II Akkusativ

Der Schulleiter	sucht	*den Lehrer.*
Der Lehrer	parkt	*seinen Wagen.*
↓		↓
NOMINATIV		AKKUSATIV

Bestimmte Verben und Präpositionen verlangen immer einen bestimmten Kasus.

Verben mit Akkusativ: *brauchen, essen, finden, haben, hören, lesen, lieben, machen, nehmen, parken, sehen, suchen, tragen, trinken, …*
Viele Verben mit dem Präfix „be-“: *bestellen, besuchen, besichtigen, bezahlen, …*

Präpositionen mit Akkusativ: *durch, für, gegen, …* (→ Kap. 30)
z. B. *für den Lehrer*

Formen
Den Kasus kann man in den meisten Fällen am Artikel erkennen (*der/den Lehrer*).

Maskulin			Feminin	Neutrum	Plural
NOM.	≠	AKK.	NOM. = AKK.	NOM. = AKK.	NOM. = AKK.
der Arzt	≠	den Arzt	die Frau	das Kind	die Ärzte
ein Arzt	≠	einen Arzt	eine Frau	ein Kind	ø Ärzte
kein Arzt	≠	keinen Arzt	keine Frau	kein Kind	keine Ärzte
mein* Arzt	≠	meinen Arzt	meine Frau	mein Kind	meine Ärzte

* auch: *dein, sein, ihr, unser, …*

III Dativ

Die Studentin	hilft	*ihrem Bruder*	bei den Hausaufgaben.
Der Film	gefällt	*den Kindern*	nicht so gut.
Der Lehrer	gratuliert	*dem Mädchen*	zum Geburtstag.
↓		↓	
NOMINATIV		DATIV	

Verben mit Dativ: *folgen, gefallen, gratulieren, helfen, passen, schmecken, …*

Präpositionen mit Dativ: *aus, mit, nach, …* (→ Kap. 30), z. B. *mit dem Wagen*

Formen

Maskulin	Feminin	Neutrum	Plural
dem Arzt	der Frau	dem Kind	den Ärzte*n*
einem Arzt	einer Frau	einem Kind	ø Ärzte*n*
keinem Arzt	keiner Frau	keinem Kind	keinen Ärzte*n*
meinem* Arzt	meiner Frau	meinem Kind	meinen Ärzte*n*

* auch: *deinem, seinem, ihrem, unserem, …*

III a) Verben mit Dativ und Akkusativ

Herr Rot	hat	*der Studentin*	*eine Schokolade*	geschenkt.
Ich	möchte	*dem Vater*	*eine Krawatte*	kaufen.
Der Opa	erzählte	*den Kindern*	*eine Geschichte*.	
↓		↓	↓	
NOMINATIV		DATIV	AKKUSATIV	

Verben mit Dativ und Akkusativ: *erklären, erzählen, geben, kaufen, sagen, schenken, schicken, verkaufen, wegnehmen, …*

Dativ: meistens Personen (*Studentin, Vater, Kinder*)
Akkusativ: meistens Sachen (*Schokolade, Krawatte, Geschichte*)

IV Genitiv

Der Besitzer *des Hauses* ist unbekannt.
Die Hauptstadt *der Türkei* ist Ankara.
Wegen *eines Unfalls* kam es zu vielen Zugverspätungen.

Gebrauch des Genitivs:
mehr in der *geschriebenen* Sprache als in der *gesprochenen* Sprache

↓	↓
der Lehrer *seines Sohnes*	der Lehrer *von seinem Sohn*
wegen *des Regens*	weil es regnete

Formen

Maskulin	Feminin	Neutrum	Plural
des Arzt*es*	der Frau	des Kind*es*	der Ärzte
eines Arzt*es*	einer Frau	eines Kind*es*	*Ersatzform: von Ärzten*
keines Arzt*es*	keiner Frau	keines Kind*es*	keiner Ärzte
meines* Arzt*es*	meiner Frau	meines Kind*es*	meiner Ärzte

* auch: *deines, seines, ihres, unseres, …*

Namen:

Das ist Peters Buch.	auch:	das Buch *von* Peter
Hier sind nur Annas Sachen.		die Sachen *von* Anna
die Hauptstadt Deutschlands		die Hauptstadt *von* Deutschland
Polens Politik		die Politik *von* Polen

1. Ergänzen Sie die Dialoge (*ein, eine, einen, kein, keine, keinen*).

1. ● Mama, kaufst du mir e*in*___ Eis?
   ○ Nein, du bekommst jetzt k______ Eis, du hast schon genug Süßigkeiten gegessen!
   ● Dann will ich e______ Schokolade! Und e______ Orangensaft!
2. ● Wer ist auf dem Foto? Ist das dein Bruder?
   ○ Nein, ich habe k______ Bruder. Das ist e______ Freund von mir.
3. ● Kann ich Ihnen helfen?
   ○ Ich brauche e______ Wintermantel und e______ Hose.
4. ● Können wir jetzt nach Hause gehen? Ich habe k______ Lust mehr einzukaufen!
   ○ Aber ich brauche noch e______ Sonnenbrille, e______ Sommerrock und e______ Paar Sandalen. Dort drüben ist e______ Schuhgeschäft!
   ● Ich kann nicht mehr laufen! Ich glaube, ich kaufe mir jetzt e______ Zeitung und warte auf dich im Café an der Ecke.

2. Bilden Sie Sätze. Vergessen Sie nicht den Artikel!

1. ~~ich~~	~~brauchen~~	~~Sonnenbrille~~ ◊ ~~Rucksack~~
2. ~~mein Mann~~	~~kaufen~~	Pullover ◊ Hemd
3. die Kinder	bestellen	Cola ◊ Apfelsaft
4. er	bezahlen	Mineralwasser ◊ Fanta
5. ich	lesen	Buch
6. der Mann	haben	Koffer ◊ Tasche

1. *Ich brauche eine Sonnenbrille und einen Rucksack.*
2. *Mein Mann kauft ...*______________________________
3. ______________________________
4. ______________________________
5. ______________________________
6. ______________________________

3. Dativ oder Akkusativ?

- Ich möchte d*em* Hausmeister etwas schenken. Er hat d___ Opa im Garten geholfen und m___ Katze gefüttert, als ich im Urlaub war.
- ○ Und was willst du ihm kaufen?
- Vielleicht kaufe ich ihm e___ Blumenstrauß (m.)
- ○ Aber e___ Mann schenkt man k___ Blumen!
- Wieso denn? Auch Männer mögen Blumen! Oder magst du etwa k___ Blumen?
- ○ Doch! Aber Blumen würde ich vielleicht lieber e___ Freundin schenken. D___ Hausmeister könntest du etwas anderes schenken, vielleicht e___ Kugelschreiber oder e___ Flasche Whisky ...
- Ich glaube, ich kaufe ihm doch e___ Blumenstrauß. Und vielleicht noch e___ Schokolade.

4. Was schenken Sie diesen Leuten?

Lehrer	Kinder	Nachbarin	mein Freund
↓	↓	↓	↓
Buch + Kugelschreiber	Bild	Schokolade	?

Verben: *kaufen, schenken, schicken*

1. *Ich kaufe dem Lehrer ein Buch und ...* ___
2. ___
3. ___
4. ___

5. Ergänzen Sie die Sätze.

1. Wie heißt die Hauptstadt *des Landes* (*Land*)?
2. Das ist der schönste Platz ___ (*Stadt*).
3. Der Preis ___ (*Tisch*) ist zu hoch.
4. Wie heißt der Vater ___ (*Kinder*)?
5. Ist das ___ (*Brigitte*) Mutter?
6. Die Hauptstadt ___ (*Bundesland*) Schleswig-Holstein heißt Kiel.

6. Wie lautet der Genitiv?

1. die Wohnung von Wolfgang → ___ Wohnung
2. die Eltern von Isabella → ___ Eltern
3. die Freundin von seinem Bruder → die Freundin ___

- Guten Tag, Schröder ist mein Name. Ich hätte gern Herrn Stein gesprochen.
- ○ Tut mir leid, Herr Stein ist gerade ausgegangen.
- Könnte ich dann bitte mit Herrn Egg sprechen?
- ○ Herr Egg ist leider auch nicht da.

Nomen der *n*-Deklination: maskuline Nomen, die

im Akkusativ Singular
im Dativ Singular
im Genitiv Singular

} und im Plural die Endung *-(e)n* haben.

→ **alle maskulinen Nomen auf *-e*** (Personen, Berufe, einige Tiere)

	Singular	Plural
Nom.	der Junge	die Jung*en*
Akk.	den Jung*en*	die Jung*en*
Dat.	dem Jung*en*	den Jung*en*
Gen.	des Jung*en*	der Jung*en*

Beispiele:

der Experte, der Kollege, der Kunde, der Neffe, der Zeuge

Nationalitäten auf *-e*:
der Bulgare, der Chinese, der Franzose, der Grieche

Berufe auf *-e*:
der Psychologe, der Pädagoge, der Biologe

Tiere auf *-e*:
der Affe, der Löwe, der Hase, der Bulle
auch: *der Bär, der Elefant* (→ Nomen auf *-ant*)

→ **alle maskulinen Nomen auf *-and, -ant, -ent, -ist, -at***
(Berufe und Tätigkeiten, oft Nomen aus dem Lateinischen und Griechischen)

	Singular	Plural
Nom.	der Student	die Student*en*
Akk.	den Student*en*	die Student*en*
Dat.	dem Student*en*	den Student*en*
Gen.	des Student*en*	der Student*en*

Beispiele:

der Doktor*and*, der Prob*and*
der Demonstr*ant*, der Praktik*ant*
der Präsid*ent*, der Refer*ent*
der Journal*ist*, der Kommun*ist*
der Bürokr*at*, der Diplom*at*

→ **andere maskuline Nomen:** *der Bauer, den Bauern …*
der Herr (den/dem/des Herrn, Pl.: *die Herren)*
der Mensch, den Menschen …
der Nachbar, den Nachbarn …
der Graf, den Grafen …
der Fürst, den Fürsten …

Zusätzliches *-s* im Genitiv Singular: *der Name – des Namens*

der Buchstabe	NOM.:	der Name
der Gedanke	AKK.:	den Namen
der Glaube	DAT.:	dem Namen
der Wille	GEN.:	des Nam*ens*
	Plural:	die/die/den/der Namen

Auch ein *neutrales* Nomen gehört zur *n*-Deklination:

NOM.:	das Herz
AKK.:	das Herz
DAT.:	dem Herz*en*
GEN.:	des Herz*ens*
Plural:	die/die/den/der Herzen

1. *Kennst du einen guten Psychologen?*

Sortieren Sie die Nomen.

~~Psychologe~~ – ~~Arzt~~ – Jurist – Physiker – Professor – Chemiestudent – Mechaniker
Kinderpädagoge – Friseur – Journalist – Anwalt – Lieferant – Mathematikabsolvent

Kennst du einen guten … ?

MIT ENDUNG „-en“	OHNE ENDUNG
Psychologen	*Arzt*
Juristen	Physiker
Chemiestudenten	Professor
Kinderpädagogen	Mechaniker
Journalisten	Friseur
Lieferanten	Anwalt
Mathematikabsolventen	

2. Ergänzen Sie die Sätze.

1. Sagen Sie mir bitte Ihren *Familiennamen*.
   Wie lautet Ihr *Familienname*? (*Familienname/Familiennamen*)
2. Im Wartezimmer liegt noch der Fotoapparat des Journalisten ✓.
   Ist das der Journalist ✓, der das Interview geführt hat? (*Journalist/Journalisten*)
3. Sie hat einen Chinesen ✓ geheiratet und will mit ihm nach China gehen.
   Der Chinese ✓, bei dem ich immer asiatische Spezialitäten kaufe, hat jetzt noch ein neues Geschäft in der Hildegardstraße. (*Chinese/Chinesen*)
4. Wie heißt der kleine Junge ✓? (*Junge/Jungen*)
   Meine Tochter hat sich in einen Jungen ✓ aus ihrer Klasse verliebt.

3. Steht das Nomen im Singular oder im Plural?

	Sg.	Pl.
1. Haben Sie den *Präsidenten* schon informiert?	X	
2. Grüßen Sie Ihren *Kollegen* von mir!	X	
3. Waren Sie schon bei Ihren *Kollegen* im Büro?		X
4. Er ruft seinen *Assistenten* an.	X	
5. Der Professor spricht mit seinen *Assistenten*.		X
6. Ich muss den *Kinderpsychologen* anrufen.		X
7. Den Bericht des *Journalisten* haben wir noch nicht bekommen.	X	
8. Haben Sie schon mit unseren *Lieferanten* gesprochen?		X
9. Hier ist ein Brief von unseren *Kunden*.		X
10. Waren Sie schon bei unserem neuen *Nachbarn*?		X
11. Können Sie mir Ihren *Vornamen* buchstabieren?	X	
12. Morgen müssen wir unsere neuen *Praktikanten* einarbeiten.		X

4. Ergänzen Sie die Dialoge (*-en*, *-n*, *ø*).

1. • Oh, du hast einen hübschen Affe_*n*_ gezeichnet!
   ○ Das ist kein Affe_X_, das ist ein Löwe_X_! Und jetzt zeichne ich noch einen Hund_X_, einen Elefant_en_ und einen Bär_en_!
2. • Wie ist denn der Vorname____ von Herr_n_ Pfeiffer?
   ○ Ich kenne nur seinen Familienname_n_.
3. • Wie viele Leute sind in deinem Deutschkurs?
   ○ Zehn. Ich bin in der Gruppe mit einem Bulgare_n_, drei Spanierinnen, einem Franzose_n_, einem Pole_n_, einem Italiener___, einem Türke_n_ und einem Tunesier____.
4. • Wie spricht man denn deinen Familienname_n_ aus?
   ○ Das hast du mich schon dreimal gefragt!

5. Wie lautet der Nominativ?

1. Wie ist die Aussprache dieses *Buchstabens*? ____*der Buchstabe*____
2. Wie lauten die Anfangsbuchstaben seines *Namens*? ____________
3. Du bist die Prinzessin meines *Herzens*! ____________
4. Sie können nur dann mit dem Rauchen aufhören, wenn Sie mit der ganzen Kraft Ihres *Willens* dahinterstehen. ____________

5 Bestimmter, unbestimmter und negativer Artikel, Nullartikel

das **Auto,** ***ein*** **Auto,** ***kein*** **Auto, Ø Auto fahren**

- Kennst du *einen* guten Zahnarzt?
- ○ Ich glaube, *der* Zahnarzt in *der* Annastraße ist ziemlich gut.

- Macht ihr dieses Jahr wieder Urlaub an *der* Adriaküste?
- ○ Nein, wir fahren in *die* Alpen oder an *den* Bodensee.

- Ich hätte gern *einen* Kaffee und *ein* Glas Orangensaft.
- ○ Möchten Sie *den* Kaffee mit oder ohne ø Milch?
- Bitte ohne ø Milch und ohne ø Zucker.
- ○ Und *das* Mineralwasser, mit oder ohne ø Kohlensäure?
- Ich habe doch *kein* Mineralwasser bestellt!

I Gebrauch

Unbestimmt	Bestimmt
Ich möchte *einen* Kaffee.	Möchten Sie *den* Kaffee mit oder ohne Milch?
Hast du *eine* Freundin?	*Die* Freundin von Jan ist sehr nett.
Er möchte *eine* Reise machen.	Sie fährt an *die* Adriaküste.
München ist *eine* große Stadt.	Berlin ist *die* größte Stadt Deutschlands.
Noch *ein* Bier, bitte!	Das ist ja schon *das* vierte Bier!

Unbestimmter Artikel (*Kennst du einen guten Zahnarzt?*)

• signalisiert etwas *Neues, Unbekanntes*: Personen oder Sachen, die wir *zum ersten Mal* erwähnen (nicht genauer identifiziert!)	*Sie möchte eine Reise machen.* *Ein Mann steht vor der Tür.* *Ein Bier bitte.* *Du brauchst eine Brille!*

Bestimmter Artikel (*die Freundin von Jan*)

• Personen oder Sachen, die wir *schon erwähnt* haben	*Möchten Sie den Kaffee mit oder ohne Milch?*
• *allgemein bekannte* Personen oder Sachen	*die Bundeskanzlerin,* *die Erde, der Mond, die Sonne*
• *näher bestimmte* Personen oder Sachen	*die Freundin von Jan,* *der Kaffee, den ich bestellt habe*
• Namen von *Seen, Flüssen, Gebirgen*	*der Bodensee, der Rhein, die Alpen*
• *Superlative*	*die größte Stadt Deutschlands*
• *Datumsangaben* und *Ordnungszahlen*	*der 28. Juni, das vierte Bier*

Negativer Artikel (*Nein, ich kenne keinen guten Zahnarzt.*)

- steht vor dem *Nomen* und signalisiert *Verneinung* (*Negation*).

Nullartikel (*mit ø Milch, ohne ø Zucker*)

• Stoffnamen	*mit ø Zucker, ohne ø Milch, aus ø Gold*
• abstrakte Nomen	*ø Schönheit ist vergänglich.* *Was ist ø Liebe?*
• Mengenangaben und unbestimmte Mengen	*ein Glas ø Orangensaft.* *Wir brauchen noch ø Tomaten.*
• Anreden, Berufe, Studienfächer	● *ø Herr Flick, sind Sie ø Tierarzt?* ○ *Nein, aber ich studiere ø Tiermedizin.*
• viele feste Nomen-Verb-Verbindungen	*ø Auto fahren, ø Klavier spielen* *ø Angst / ø Durst / ø Hunger / ø Glück ø Lust haben*
• Städte, Kontinente, Nationalitäten und die meisten Länder	*Wir fahren nach ø Bonn.* *Warst du schon in ø Afrika?* *Er ist ø Italiener, aber er lebt in ø Spanien.* *Kommt sie aus ø Schweden?**

*ABER: *die Schweiz, die Slowakei, die Türkei, die Ukraine, die USA (Pl.), der Irak, der Iran ...*

Übungen

1. *Ein, kein* oder ø? Ergänzen Sie die Dialoge.

1. Ist das _ø_ Zucker? – Ich glaube, das ist _ø_ Salz.
2. Trinkst du gern ______ Bier? – Nein, ich trinke lieber ______ Wasser.
3. Ist das ______ Hund? – Nein, das ist ______ Hund, das ist ______ Pferd!
4. Ich möchte ______ Glas ______ Wasser. – Tut mir leid, wir haben ______ Wasser.
5. Sie studieren ______ Englisch? – Ja, ich möchte ______ Englischlehrer werden.
6. Ich hätte gern einen Kaffee ohne ______ Milch und ohne ______ Zucker.
7. Ist er ______ Italiener? – Nein, er ist ______ Türke. Aber er lebt in ______ Italien.
8. Ich fahre nicht gern ______ Auto.
9. Hast du ______ Hobby? – Ja, ich spiele ______ Klavier.
10. Ist „essen" ______ regelmäßiges Verb? – Nein, „essen" ist unregelmäßig.
11. Kannst du noch ______ Mehl und zwei Kilo ______ Äpfel kaufen?

2. *Die, eine* oder *ø*? Ergänzen Sie die Dialoge.

1. ● Der achte Oktober ist unser Hochzeitstag und wir wollen *eine* kleine Feier organisieren. Hast du am achten *ø* Zeit?
   ○ Da kann ich leider nicht. Ich habe eine wichtige Sitzung.
2. ● Die Frau, die gerade in den Wagen steigt, habe ich schon gesehen. Ist das die Lehrerin von Peter?
   ○ Nein, das ist die Frau von unserem Hausmeister. Sie ist X Verkäuferin.
3. ● Es war einmal eine Prinzessin. Sie lebte in einem großen Wald und hatte eine kleine Katze …
   ○ Aber Opa, Die Geschichte von der Prinzessin hast du mir schon tausendmal erzählt! Erzähl mir doch eine andere Geschichte!
4. ● Was macht ihr im Sommer?
   ○ Ich weiß es noch nicht. Mein Mann möchte an die Ostsee fahren, aber ich würde lieber eine Fahrradtour machen.

3. Kaffee und Apfelkuchen. *Den, die, ein, eine, einen, keinen* oder *ø*?

● Ich bitte um Entschuldigung, ich muss Sie noch einmal fragen: Sie haben einen Kaffee und einen Apfelkuchen bestellt, richtig?

○ Wer, ich? Nein, ich habe *keinen* Apfelkuchen bestellt. Ich wollte *eine* Tasse Tee und ________ Käsekuchen.

● Tut mir leid, wir haben ________ Käsekuchen. Möchten Sie vielleicht ________ Apfelkuchen?

○ Ich habe doch schon gesagt: Ich will ________ Apfelkuchen!

● In Ordnung. Wollen Sie den Kaffee mit oder ohne ________ Zucker?

○ Aber ich will gar ________ Kaffee! Ich trinke ja nur ________ Tee.

● Dann muss ich Ihnen etwas sagen … Wir haben hier nur ________ Kaffee und ________ Apfelsaft.

○ Ach so? Dann bringen Sie mir nur ________ Glas Wasser. Und vielleicht auch ________ Kopfschmerztablette, wenn es möglich ist. Vergessen wir ________ Tee.

● Tut mir leid. ________ Wasser haben wir auch nicht. Nur ________ Kaffee und ________ Apfelkuchen. Wenn Sie wollen, bringe ich Ihnen ________ Aspirin (n.).

○ Danke, ich gehe lieber.

6 Possessivartikel

Wie alt sind *Ihre* Kinder? – *Meine* Tochter ist neun und *mein* Sohn fünf.

- Wie alt sind Ihre Kinder?
- ○ Meine Tochter ist neun und mein Sohn fünf.

ich → mein Sohn (m.)
meine Tochter (f.)

Er hat zwei Geschwister. Seine Schwester Petra ist schon verheiratet und sein Bruder Thomas geht noch zur Schule.

er → sein Bruder (m.)
seine Schwester (f.)

Sie hat einen Hund, eine Katze und ein Kaninchen.
Ihr Hund heißt Rex und ihre Katze Mimi.
Ihr Kaninchen hat noch keinen Namen.

sie → ihr Hund (m.)
ihre Katze (f.)
ihr Kaninchen (n.)

I Nominativ und Akkusativ

	Maskulin Nom.	≠ Akk.	Feminin Nom. = Akk.	Neutrum Nom. = Akk.	Plural Nom. = Akk.
ich	mein Sohn	≠ *meinen* Sohn	meine Tochter	mein Kind	meine Kinder
du	dein Sohn	≠ *deinen* Sohn	deine Tochter	dein Kind	deine Kinder
er	sein Sohn	≠ *seinen* Sohn	seine Tochter	sein Kind	seine Kinder
sie	ihr Sohn	≠ *ihren* Sohn	ihre Tochter	ihr Kind	ihre Kinder
es	sein Sohn	≠ *seinen* Sohn	seine Tochter	sein Kind	seine Kinder
wir	unser Sohn	≠ *unseren* Sohn	unsere Tochter	unser Kind	unsere Kinder
ihr	euer Sohn	≠ *euren* Sohn	eure Tochter	euer Kind	eure Kinder
sie	ihr Sohn	≠ *ihren* Sohn	ihre Tochter	ihr Kind	ihre Kinder
Sie	Ihr Sohn	≠ *Ihren* Sohn	Ihre Tochter	Ihr Kind	Ihre Kinder

II Dativ

- Bist du heute allein zu Hause?
- ○ Ja, meine Eltern machen einen Ausflug mit ihren Kollegen, meine Schwester ist bei ihrem Mann in Bonn und mein Bruder spielt Fußball mit seinen Freunden.

	Maskulin	Feminin	Neutrum	Plural
ich	mein*em* Sohn	mein*er* Tochter	mein*em* Kind	mein*en* Kindern
du	dein*em* Sohn	dein*er* Tochter	dein*em* Kind	dein*en* Kindern
er	sein*em* Sohn …	sein*er* Tochter …	sein*em* Kind …	sein*en* Kindern …

III Genitiv

- Die Sommerferien haben wir im Haus meines Großvaters verbracht.
- Und wir waren bei den Eltern meiner Freundin in Kiel.

	Maskulin	Feminin	Neutrum	Plural
ich	mein*es* Sohnes	mein*er* Tochter	mein*es* Kindes	mein*er* Kinder
du	dein*es* Sohnes	dein*er* Tochter	dein*es* Kindes	dein*er* Kinder
er	sein*es* Sohnes ...	sein*er* Tochter ...	sein*es* Kindes ...	sein*er* Kinder ...

In der *gesprochenen* Sprache benutzt man statt Genitiv oft *von* + Dativ:
das Haus meines Großvaters → *das Haus von meinem Großvater*

Übungen

1.a) Ihre Familie. Schreiben Sie **vier** kurze Sätze.

Wie heißen Ihre Eltern? Haben Sie Geschwister? Was machen sie, wo wohnen sie? Haben Sie Kinder? Wie alt sind sie? Haben Sie Neffen oder Nichten? Wie heißen sie? (Beispiel: *Meine Eltern heißen ...; Mein Bruder wohnt in ...*)

____

____

____

____

1.b) Ihre beste Freundin. Schreiben Sie **vier** kurze Sätze.

Beschreiben Sie jetzt Ihre beste Freundin oder eine gute Kollegin! Wie heißt sie? Wie sieht sie aus (Augen, Haare, ...)? Was sind ihre Hobbys? (Beispiel: *Meine beste Freundin heißt ...; Ihre Augen sind ...*)

____

____

____

____

2. Ergänzen Sie die Tabelle!

	Anna	Markus
Adresse:	______	______
Kinder (Namen):	______	______

Seine Adresse lautet: Berliner Platz 8, Essen.
Ihre neue Wohnung ist in Düsseldorf, in der Bolkerstraße 8.
Sein Sohn Michael ist schon verheiratet.
Ihre Töchter Lisa und Inge gehen noch zur Schule.

3. *Ihr/Ihre/Ihren, ihr/ihre/ihren* oder *sein/seine/seinen*?

1. Herr Koch, ich habe gerade *Ihre* Frau und ______ Sohn gesehen.
2. Ist dein Bruder schon weg? – Ja. – Aber ______ Schuhe sind noch da!
3. Die Müllers haben ______ Haus und ______ Wagen verkauft.
4. Können Sie bitte ______ Namen buchstabieren?

4. *Im Auto.* Ergänzen Sie den Dialog mit Possessivartikeln (*mein, dein, ...*).

Vater: Kinder, habt ihr *eure* Schulsachen dabei?
Petra: Ich habe ______ Bücher dabei, aber Kai hat ______ Sachen vergessen!
Vater: Kai, wo sind denn ______ Sachen, wo ist ______ Rucksack (m.)?
Kai: Ich weiß nicht! Ich glaube, ich habe ______ Rucksack und ______ Jacke in der Küche gelassen.
Vater: Du vergisst ja jeden Tag ______ Rucksack! Ich hole jetzt ______ Rucksack und ______ Jacke und du wartest im Auto mit ______ Schwester.
Petra: Ich komme mit! Ich habe ______ Turnschuhe und ______ T-Shirt vergessen!
Vater: Ihr bleibt beide hier im Auto und ich komme sofort mit ______ Sachen zurück!

5. *Ihrer* oder *Ihres*?

- Bringen Sie morgen Ihren Pass und die Pässe *Ihrer* Frau und ______ Sohnes mit. Außerdem brauchen wir eine Bescheinigung ______ Firma und eine Bescheinigung des Arbeitgebers ______ Frau. Und vergessen Sie nicht eine Kopie ______ Visums, eine Kopie ______ Mietvertrags und eine Bescheinigung ______ Krankenkasse, Ihre Passfotos und die Fotos ______ Frau und ______ Sohnes. Und Ihre Flugreservierung.
- ○ Aber ... wir wollten doch nur drei Tage in New York verbringen!

7 Demonstrativartikel und Frageartikel

***Dieser* Mantel ist ganz hübsch! – *Welcher* Mantel, der schwarze oder der blaue?**

- ● Dieser Mantel ist ganz hübsch!
- ○ Welcher Mantel, der schwarze oder der blaue?
- ● Der schwarze.
- ○ Ist er nicht ein bisschen zu kurz?

> → **Nominativ**
> *Dieser* Mantel ist ganz hübsch!
> *Welcher* Mantel?

- ● Und wie findest du diesen Pulli?
- ○ Welchen Pulli meinst du? Den blauen oder den roten?
- ● Den roten.
- ○ 150 Euro! Für diesen Pulli würde ich nie 150 Euro bezahlen!

> → **Akkusativ**
> Wie findest du *diesen Pulli*?
> *Welchen Pulli* meinst du?

- ● Dann probiere ich jetzt diese Hose an.
- ○ Sie ist zu eng!
- ● Aber es gibt sie nur in dieser Größe.
- ○ Und leider auch nur zu diesem Preis ... Ich finde sie ziemlich teuer!
- ● Schatz, sei doch nicht so kritisch!
- ○ Ich habe einen Vorschlag: Du probierst die Hose an und ich warte draußen vor dem Ausgang.
- ● Vor welchem Ausgang? Es gibt drei Ausgänge.

> → **Dativ**
> Es gibt sie nur in *dieser* Größe.
> zu *diesem* Preis.
> Vor *welchem* Ausgang wartest du?

- ● Verzeihung, können Sie mir den Preis dieser Tasche sagen?
- ○ Äh ... welcher Tasche?
- ● Ich meine die Tasche in Ihrer Hand!
- ○ Ach so, jetzt verstehe ich: Tut mir leid, ich bin nicht die Verkäuferin hier. Und das ist meine Tasche.
- ● Oh, ich bitte um Entschuldigung.

> → **Genitiv**
> Können Sie mir den Preis *dieser* Tasche sagen?
> *Welcher* Tasche?

Nominativ und Akkusativ

Maskulin NOM. ≠ AKK.		Feminin NOM. = AKK.	Neutrum NOM. = AKK.	Plural NOM. = AKK.
dieser / welcher } Mantel	≠ *diesen* / ≠ *welchen* } Mantel	diese / welche } Hose	dieses / welches } Kleid	diese / welche } Mäntel

Dativ

Maskulin	Feminin	Neutrum	Plural
diesem welchem } Mantel	dieser welcher } Hose	diesem welchem } Kleid	diesen welchen } Mänteln

Genitiv

Maskulin	Feminin	Neutrum	Plural
dieses welches } Mantels	dieser welcher } Hose	dieses welches } Kleides	dieser welcher } Mäntel

Übungen

1. Ordnen Sie zu.

1. Dieser Mantel	a) finde ich sehr elegant!
2. Dieser Schrank	b) ist zu eng an den Schultern.
3. Diesen Schrank	c) ist aus Holz.
4. Diesen Mantel	d) kannst du nicht kaufen, er ist zu groß für dein Schlafzimmer!

2. Ergänzen Sie die Dialoge (*dieser/diesen/dieses, welcher/welchen/welches*).

1. • Kannst du mir bitte das Buch aus dem Schlafzimmer bringen?
   ○ ______ Buch meinst du?
   • Den Reiseführer für Radfahrer.
   ○ Ich glaube, ______ Reiseführer habe ich heute Morgen im Garten gesehen.

2. • ______ Kind habe ich noch nie gesehen.
   ○ ______ Kind? Meinst du das Mädchen mit der Brille?
   • Nein, ich meine den kleinen Jungen, der mich gerade begrüßt hat.
   ○ Ich glaube, ______ Junge wohnt seit Kurzem in unserem Haus. Seine Familie kommt aus Norddeutschland.

3. Ergänzen Sie die Dialoge (*dieser, diese, dieses, diesem, welcher*).

1. • Hast du _________ Hund gesehen?

   ○ _________ Hund, den schwarzen? Mit _________ Hund haben meine Nachbarn ziemlich viele Probleme. Er schläft nie und bellt manchmal die ganze Nacht.

2. • _________ Hose passt sehr gut zu _________ Hemd.

   ○ Ich finde, sie passt besser zu _________ Bluse.

   • Ja, aber _________ Bluse kannst du nicht zu _________ Schuhen tragen; sie ist zu elegant.

   ○ _________ Schuhe soll ich dann anziehen? _________ Schuhe sind die elegantesten Schuhe, die ich habe!

3. • Bei _________ Wetter kannst du doch nicht ausgehen!

   ○ Ich habe einen Regenschirm dabei.

   • _________ Regenschirm hast du denn mitgenommen?

   ○ _________ Regenschirm hier, schau mal her.

   • Aber _________ Regenschirm ist kaputt! Nimm doch meinen mit.

   ○ Du meinst den mit den Affen und Elefanten? Nein, mit _________ Regenschirm will ich nicht mehr ausgehen. Letztes Mal haben alle über mich gelacht!

4. • Wer ist der Besitzer _________ Motorrads?

   ○ Ich glaube, das ist das Motorrad einer Kollegin.

   • _________ Kollegin?

   ○ Ich weiß nicht genau, ich bin noch nicht so lange bei _________ Firma. Warum fragen Sie?

   • _________ Motorrad kann nicht hier bleiben! Vor _________ Eingang ist das Parken verboten.

   ○ Aber sehen Sie, _________ rote Wagen steht auch vor dem Eingang. Übrigens, ist das nicht Ihr Wagen?

   • Ä … ja, das ist er. Eigentlich parke ich hinter dem Gebäude, aber um _________ Zeit findet man keinen Parkplatz …

Wiederholung I: Nomen und Artikelwörter

Ergänzen Sie den Lückentext (Endungen, Artikelwörter, ø).

Es ist Samstag, acht Uhr morgens. Theo ist schon in der Küche, denn er möchte für s____ Freundin Lea ____ Frühstück vorbereiten. Doch als er ____ Kühlschrank öffnet, sieht er, dass nichts mehr da ist: Sie haben kein___ Käse mehr, kein____ Butter, kein___ Marmelade, und auch kein____ Schinken und kein___ Eier! „Dies_____ Kühlschrank ist immer leer!", denkt er und öffnet die Tür eines Küchenschranks: „Vielleicht gibt es in dies____ Schrank noch _____ Cornflakes oder _____ bisschen Müsli!". Aber leider findet er dort nur _____ Packung Nudel___ , ______ Tomatensoße, ein paar Zitrone___ und _____ große Dose Katzenfutter. Er nimmt _____ Dose mit Katzenfutter aus dem Schrank, öffnet sie, ruft die Katze und gibt ihr _____ ganze Portion: „Hier, Mina, ich habe etwas für dich gefunden, du hast _____ Glück! Ich habe auch _____ Hunger, aber für Lea und mich ist nichts mehr da, ich muss einkaufen gehen."

Dann schließt er _____ Küchentür, zieht s_____ Jacke an, nimmt s_____ Autoschlüssel und geht aus _____ Wohnung: „Mit _____ Wagen bin ich in fünf Minuten im Supermarkt, ich kaufe _____ Käse, _____ Butter, _____ Marmelade, _____ Eier und ein paar Brötchen___ und bin schon um halb neun wieder zu Hause!" Aber bald merkt er, dass ______ Einkaufen am Samstag doch nicht so schnell geht: Er sucht eine halbe Stunde ______ Parkplatz und muss auch noch zwanzig Minuten an der Kasse im Supermarkt warten. „Endlich fertig!", freut er sich und geht zu s______ Wagen.

Fünf Minuten später steht er auf dem Parkplatz und fragt sich: „Wo ist denn _____ Wagen?" Mit vielen Tüten in den Hände___ sucht er s______ Auto überall, kann es aber nicht finden. Endlich sieht er e______ grünen Opel und läuft schnell zu ihm, doch dann bleibt er enttäuscht stehen: „Das ist doch nicht mein___ Wagen! Dies____ Wagen hat _____ Kennzeichen „HH" und ist nicht so sauber wie meiner!"

Plötzlich fällt Theo ein, dass er _______ Wagen in der Garage hinter dem Supermarkt geparkt hat. Er läuft zur Garage, doch als er für ______ Parken bezahlen will, merkt er, dass er s_____ Portemonnaie (n.) an der Kasse _______ Supermarkts vergessen hat. Also, zuerst zurück zur Kasse ...

Einige Zeit später steht er endlich wieder an s_____ Wohnungstür und klingelt. _____ Portemonnaie ist wieder in der Tasche und er freut sich schon auf das Frühstück mit s______ Freundin.

Sie öffnet _____ Tür: „Wo warst du denn, Schatz? Ich koche gerade ______ Mittagessen: Nudel___ mit Tomatensoße. Hast du _____ Hunger?"

8 Personalpronomen

***Er* möchte *ihr* eine Katze schenken, aber *sie* mag keine Katzen.**

Das Kind möchte ihr eine Katze schenken, aber sie mag keine Katzen.

Nominativ

Ich heiße Jürgen Schwarze.– Und *ich* bin Gabi Lindt.	***ich***
Wo wohnst *du*? – Ich wohne in München, und *du*?	***du***
Was macht Markus beruflich? – *Er* ist Ingenieur.	***er***
Studiert Johanna Biologie? – Nein, *sie* studiert Physik.	***sie***
Warum weint das Baby? – Ich glaube, *es* hat Hunger.	***es***
Ich wohne bei meinen Eltern. *Wir* haben eine kleine Wohnung.	***wir***
Kinder, wollt *ihr* Eis essen?	***ihr***
Anna und Jan sind verheiratet. *Sie* haben zwei Kinder.	***sie***
Herr Kraus, wo wohnen *Sie*?	***Sie***

In Deutschland trinkt *man* viel Mineralwasser. ➜ *Indefinitpronomen*
Wenn *man* zusammen Bier trinkt, sagt *man* „Prost!" ***man*** → Kap. 10
In dieser Firma arbeitet *man* auch abends.

Akkusativ

Kannst du *mich* heute anrufen?	***mich***
Ich liebe *dich*! – Ich *dich* auch!	***dich***
Wo ist Thomas? – Ich habe *ihn* nicht gesehen.	***ihn***
Hier ist deine Brille. – Danke, aber ich brauche *sie* nicht mehr.	***sie***
Wo ist mein Bier? – Tut mir leid, ich habe *es* getrunken.	***es***
Wir haben eine neue Wohnung. Wann kommst du *uns* besuchen?	***uns***
Anna, Jan! Ich habe etwas für *euch*!	***euch***
Wo sind meine Bücher? – Ich habe *sie* ins Regal gestellt.	***sie***
Entschuldigung, ich habe *Sie* nicht gesehen.	***Sie***

Dativ

Dieses Bild gefällt *mir* nicht!	***mir***
Wie schmeckt *dir* die Suppe? – Sie ist sehr lecker!	***dir***
Sie gibt *ihm* einen Kugelschreiber, denn er hat seine Sachen vergessen.	***ihm***
Das Kind möchte *ihr* eine Katze schenken, aber sie hat Angst vor Katzen.	***ihr***
Das Kind weint, denn die Mutter hat *ihm* sein Spielzeug weggenommen.	***ihm***
Mein Bruder hat *uns* ein Klavier geschenkt.	***uns***
Kinder, ich muss mit *euch* reden!	***euch***
Seine Großeltern sind schon alt; deshalb hilft er *ihnen* beim Einkaufen.	***ihnen***
Wie geht es *Ihnen* heute, Frau Birk?	***Ihnen***

Übungen

1. *Ich, du, ihr* oder *Sie*?

(am Bahnhof) Entschuldigung, wissen _Sie_, wann der ICE aus Köln ankommt?

(auf dem Schulhof) Michael, Murat, wollt ________ mit uns Basketball spielen?

(in der Disco)
- ● Brigitte, möchtest ________ was trinken?
- ○ Nein, danke, ich gehe jetzt tanzen. Kommst ________ mit?

(im Ausländeramt)
- ● Verzeihung, können ________ mir mit dem Formular helfen? Die Frage 14 verstehe ________ nicht.
- ○ ________ müssen hier Ihre Heimatanschrift angeben. Wo haben ________ früher, in Ihrer Heimat, gewohnt?

(auf der Geburtstagsparty)
- ● Hallo Karin, hallo Sven! Schön, dass ________ gekommen seid!
- ○ Hallo Silke. Hier ist eine Kleinigkeit für dich!
- ● Oh, danke, sehr nett von euch! ________ seid immer so aufmerksam!

2. *Ich* oder *mich*, *du* oder *dich*, *wir* oder *uns*, *ihr* oder *euch*?

(in der Disko)

- ● Was trinkst ______?
- ○ Ich verstehe ______ nicht! Kannst ______ lauter sprechen?
- ● Möchtest ______ etwas trinken?
- ○ Ich danke dir, aber Daniel hat schon einen Orangensaft für ______ bestellt.

(vor dem Kino)

- ● Da seid ______ endlich! Ich habe zwanzig Minuten auf ______ gewartet!
- ○ Entschuldige, bitte, wir konnten keinen Parkplatz finden. Wir haben ______ angerufen, aber wahrscheinlich hast du das Handy nicht gehört.
- ● Habt ______ die Eintrittskarten?
- ○ Wer, ______? Wir dachten, *du* besorgst die Karten!

(bei einer Freundin)

- ● Wir müssen jetzt gehen, es ist schon spät. Es war ein schöner Abend; danke, dass du ______ eingeladen hast.
- ○ Ich freue mich, dass ______ gekommen seid. Wann besucht ihr ______ wieder?

3. Welches Pronomen passt?

1. Meine Kollegin und ich arbeiten seit drei Jahren zusammen. → *Wir*
2. Er hat Susanne und mich zu seiner Party eingeladen. →
3. Gestern haben wir Herrn Bohn nicht gesehen. →
4. Inge und ihre Schwester spielen zusammen Basketball. →
5. Ich möchte dich und deine Freundin bald besuchen. →
6. Er hat das Mädchen nicht gesehen. →

4. *Er*, *sie*, *es* oder *ihn*?

1. ● Wo ist denn mein Mantel? ______ war gestern noch im Schrank, und jetzt kann ich ______ nicht mehr finden.
   ○ Ich glaube, deine Tochter hat ______ heute angezogen!
2. ● Hast du meine CDs gesehen?
   ○ Ich glaube, ______ sind auf deinem Schreibtisch.
3. ● Ich habe das Wörterbuch ins Regal gestellt, aber ich kann ______ nicht mehr finden.
   ○ Vielleicht ist ______ in deinem Arbeitszimmer.

4. ● Wie findest du den neuen Film von Ken Loach?
   ○ Ich habe ______ noch nicht gesehen. Läuft ______ denn schon im Kino?
5. ● Wo sind denn die Tomaten?
   ○ Vielleicht hast du ______ im Supermarkt vergessen!

5. *Mich* oder *mir*, *dich* oder *dir*, *Sie* oder *Ihnen*?

1. Machen Sie sich keine Sorgen, wir können ______ helfen.
2. Darf ich ______ etwas fragen? Hast du ______ gestern die Wahrheit gesagt?
3. Kannst du ______ heute Nachmittag anrufen oder ______ eine SMS schicken?
4. Guten Tag, Herr Kohl! Ich habe ______ schon lange nicht mehr gesehen! Wie geht es ______?
5. Warum antwortest du ______ nicht? – Oh, hast du ______ etwas gefragt?
6. Wie gefällt ______ mein neues Kleid, Schatz? – Es gefällt ______ sehr gut. Zeigst du ______ auch deine neuen Schuhe?

6. Was kann man diesen Leuten schenken?

meine Eltern	Jan-Peter	meine Schwester	Anna und Tim	Silke
Hochzeitstag	Geburtstag	ein Baby bekommen	heiraten	das Abitur gemacht
Vase	CD	Karte, Blumen	Reise in die USA	?

Verben: *schenken, schicken, kaufen*

1. *Meine Eltern feiern ihren Hochzeitstag. Wir schenken **ihnen** eine Vase.*
2. *Jan-Peter hat …*
3. ______
4. ______
5. ______

9 Reflexivpronomen

ich freue *mich*, du freust *dich*, er freut *sich* ...

I Verben mit Reflexivpronomen

Hallo Anja! Ich freue *mich*, dass du wieder da bist!
Kannst du *dich* ein bisschen beeilen? Wir müssen noch die Kinokarten kaufen!
Sie hat *sich* noch nicht gewaschen.
Wann treffen wir *uns*?
Habt ihr *euch* im Urlaub kennengelernt?
Anna und Thomas haben *sich* im Konzert sehr gut amüsiert.

ich freue mich	*wir freuen uns*
du freust dich	*ihr freut euch*
er freut sich	*sie freuen sich*

II *Mich* oder *mir*? *Dich* oder *dir*?

Hast du dich gewaschen?
Hast du dir die Haare gewaschen?

- ● Hast du *dich* schon gewaschen?
- ○ Ja.
- ● Aber du wolltest *dir* auch die Haare waschen!
- ○ Die Haare wasche ich *mir* lieber morgen.

Reflexivpronomen im **Akkusativ**		Reflexivpronomen im **Dativ** + Akkusativergänzung
Ich ziehe ***mich*** an.	***mich*** ↔ ***mir***	Ich ziehe ***mir*** *etwas Warmes* an.
Du wäschst ***dich***.	***dich*** ↔ ***dir***	Du wäschst ***dir*** *die Haare*.
Die Katze putzt *sich*.	*sich*	Philip putzt *sich* *die Zähne*.
Wir waschen *uns*.	*uns*	Wir waschen *uns* *die Haare*.
Habt ihr *euch* gekämmt?	*euch*	Habt ihr *euch* *die Haare* gekämmt?
Sie haben *sich* geschminkt.	*sich*	Sie haben *sich* *die Lippen* geschminkt.

Akkusativergänzung: oft Teile des Körpers und Kleidung.

Ich wasche *mir* das Gesicht/die Hände/die Haare.
Warum ziehst du *dir* den Mantel/die Jacke aus?

1. Verbinden Sie!

1. Meine Eltern haben
2. Wir haben
3. Klaus streitet
4. Ihr könnt
5. Ich möchte
6. Du hast

a) uns im Urlaub sehr gut erholt.
b) euch dorthin setzen.
c) sich getrennt.
d) dich immer noch nicht angezogen!
e) sich wieder mit seiner Schwester!
f) mich nicht neben ihn setzen.

2. Antworten Sie!

1. *Freust* du _dich_ auf den Urlaub? – Ja, ich *freue* _mich_ sehr auf ein bisschen Ruhe!
2. Wann *trefft* ihr _______ morgen? – Wir *treffen* _______ um acht Uhr.
3. *Erinnerst* du _______ noch an unseren ersten Streit? – Nein, ich kann _______ nur an unseren ersten Kuss *erinnern*.
4. Warum *streitet* ihr _______? – Wir *streiten* _______ nicht! Wir sprechen immer so laut.
5. Oh, hast du _______ mit dem Messer *verletzt*? – Nein, das ist Marmelade.
6. Worüber habt ihr _______ *unterhalten*? – Wir *unterhalten* _______ immer nur über das Wetter.

3. *Mich* oder *mir*, *dich* oder *dir*?

1. Ich muss _mich_ setzen, mein Fuß tut weh.
2. Setz _______ deine Mütze auf, die Sonne ist heute sehr stark.
3. Hast du _______ schon bei dieser Firma beworben? – Nein, ich hatte keine Zeit.
4. Wie siehst du denn aus?! Hast du _dich_ heute gekämmt? Und hast du _______ überhaupt gewaschen?
5. Ich wasche _______ noch die Hände, bevor ich _______ an den Tisch setze.
6. Bist du fertig? – Ich putze _mich_ noch die Zähne, ich schminke _mir_ und dann können wir gehen.
7. Ich möchte _______ den neuen Film von Fatih Akin ansehen.
8. Mir ist kalt! – Dann zieh _______ deine Jacke an! Du hast _______ zu leicht angezogen!
9. Wo ist meine Brille? – Du hast _______ gerade auf sie gesetzt!
10. Du solltest _______ die Schultern eincremen oder _______ unter einen Baum setzen.

10 Fragepronomen, Demonstrativpronomen, Possessivpronomen, Indefinitpronomen

***Welchen* nehmen Sie? Ich will *diesen* hier kaufen!**
***Deiner* ist zu groß! *Einer* kann im Keller bleiben.**

I Fragepronomen (*welcher*) und Demonstrativpronomen (*dieser, der*)

In der Tischabteilung

- Wenn Sie diesen Tisch hier kaufen, bekommen Sie 20% Rabatt.
- ○ Und für den dort bekommen wir keinen Rabatt?
- Für welchen? Für den großen eckigen?
- ○ Ja.
- Nein, aber den können Sie in drei Raten zahlen.
- ○ Ich weiß nicht. Ich finde diesen hier sehr schön, ich mag runde Tische. Aber mein Mann möchte lieber den eckigen nehmen.

Formen

Gleiche Formen wie Artikelwörter*:

Fragepronomen

Welchen nehmen Sie? (= Frageartikel: *Welchen* Tisch nehmen Sie?)
Welcher gefällt Ihnen besser? (= Frageartikel: *Welcher* Tisch gefällt Ihnen besser?)

Demonstrativpronomen

Diesen finde ich schön. (= Demonstrativartikel: *Diesen* Tisch finde ich schön.)
Für *den* da bekommen Sie keinen Rabatt. (= bestimmter Artikel: für *den* Tisch)

***Artikel oder Pronomen?**
Der *Artikel* steht immer vor dem Nomen — *Diesen Tisch* finde ich schön!
Das *Pronomen* steht an der Stelle des Nomens. — *Diesen* finde ich schön!

II Possessivpronomen (*meiner*) und Indefinitpronomen (*einer, keiner*)

Im Auto

- ● Und jetzt haben wir zwei neue Tische! Wo stellen wir die nur hin?
- ○ Den runden stellen wir ins Wohnzimmer und den eckigen auf den Balkon!
- ● Das heißt, deinen Tisch stellen wir ins Wohnzimmer, und meiner muss draußen bleiben!
- ○ Aber deiner ist ja zu groß für das Wohnzimmer! Und auch ein bisschen hässlich!
- ● Und ich finde deinen ein bisschen kitschig.

Zu Hause

- ● Ich habe einen Vorschlag: Wir stellen den runden Tisch ins Wohnzimmer und den eckigen ins Kinderzimmer.
- ○ Aber im Kinderzimmer haben wir schon einen!
- ● Du hast Recht. Und im Wohnzimmer steht auch schon einer!
- ○ Vielleicht brauchen wir gar keinen? Was machen wir jetzt mit zwei Tischen?
- ● Am besten stellen wir beide in den Keller.
- ○ Aber ich glaube, im Keller sind schon welche!

Formen

Die *meisten* Possessivpronomen und Indefinitpronomen haben gleiche Formen wie die Artikelwörter:

Wie findest du *meinen*?	(= *meinen* Tisch)
Und was machen wir dann mit *meinem?*	(= *meinem* Tisch)
Wir brauchen *keinen,* wir haben schon *einen*.	(= *keinen / einen* Tisch)

ABER:

NOM. Maskulin	*Dei**ner*** ist zu groß.	(*Dein Tisch* ist zu groß.)
	Im Zimmer steht schon *ei**ner***!	(Im Zimmer steht schon *ein Tisch.*)
	Hier steht noch *kei**ner***!	(Hier steht noch *kein Tisch.*)
NOM. und AKK. Neutrum	*Mein**(e)s*** ist noch schöner!	(*Mein Bett* ist noch schöner.)
	*Ein**(e)s*** steht im Flur.	(*Ein Bett* steht im Flur).
	Ich habe noch *kein**(e)s***!	(Ich habe noch *kein Bett.*)

einer, eine, ein(e)s → Plural: **welche**
Im Wohnzimmer haben wir schon *einen*.
Ich glaube, im Keller haben wir auch *welche*.

III Indefinitpronomen *man* (alle Menschen; Frauen, Männer, Kinder)

- ● Kann *man* hier mit der Karte bezahlen?
- ○ Ja, aber wenn *man* bar bezahlt, bekommt *man* 20 % Rabatt.

1. Ergänzen Sie die Dialoge (*welche, welches, welchen, die, den*).

1. ● Meine Lampe ist kaputt!
   ○ ____________ denn, die Tischlampe oder die Stehlampe?
2. ● Kann ich diese Schuhe anprobieren?
   ○ ____________ haben wir leider nur in Größe 35.
3. ● Siehst du das kleine Mädchen dort?
   ○ ____________, das blonde oder das rothaarige?
4. ● Ich glaube, ich kenne den Mann dort drüben.
   ○ ____________? Meinst du ____________ mit der Brille oder ____________ mit der blauen Mütze?

2. Helfen Sie Ihrem Freund.

1. Ich habe *meinen Kuli* vergessen.
   Soll ich dir meinen leihen?
2. *Mein Auto* ist kaputt!
   Soll ich ... ____________
3. Ich habe *meine Jacke* zu Hause gelassen!
   ____
4. *Mein Computer* ist kaputt!
   ____
5. Ich finde *meine Handschuhe* nicht!
   ____
6. *Mein Taschenrechner* funktioniert nicht!
   ____

3. Was passt zusammen?

1. Ich muss mir ein Heft kaufen.	a) Ich möchte mir auch welche kaufen.
2. Ich brauche noch Unterhosen.	b) Ich brauche auch eins.
3. Nimm eine Banane!	c) Ich habe auch keinen.
4. Ich habe keinen Regenschirm.	d) Ich habe doch gerade eine gegessen.
5. Sind denn alle Kugelschreiber kaputt?	e) Ich glaube, auf dem Schreibtisch ist einer, der noch schreibt.

4. Ergänzen Sie die Pronomen
(einer, eine, eins, einen, keiner, welche, man ...).

1. ● Meine neuen Handschuhe sind weg! Hast du sie gesehen?
   ○ Ich glaube, __________ liegt unter deinem Bett.
2. ● Du solltest dir endlich ein Handy kaufen! Heutzutage kann __________ nicht ohne Handy sein!
   ○ Ich habe schon __________, aber ich benutze es nicht.
3. ● Wie soll ich jetzt meinen Computer reparieren? Ich verstehe nichts von Computern!
   ○ Leider kenne ich __________, der sich mit Computern auskennt.
4. ● Kennst du diesen Schauspieler?
   ○ Klar, er ist __________ der besten jungen Schauspieler in Deutschland.
5. ● Ich kenne einen Mann, der zu Hause Affen und Schlangen hat.
   ○ Und ich kenne __________, der sie auch isst!
6. ● Kannst du mir deinen DVD-Player leihen?
   ○ Tut mir leid, ich habe auch __________.
7. ● Das ist __________ der besten Bücher, die ich gelesen habe.
   ○ Ich fand es auch sehr interessant. Ich habe gestern noch __________ von diesem Autor gekauft.
8. ● Ich habe heute kein Geld mitgenommen.
   ○ Ich habe auch __________ dabei. Was machen wir jetzt?
9. ● Wir haben nicht genug Gläser!
   ○ Ich rufe mal Tina an. Vielleicht kann sie uns __________ leihen.
10. ● Ich finde es nicht gut, wenn __________ beim Frühstück die Zeitung liest.
    ○ Und ich finde es noch schlimmer, wenn __________ beim Essen telefoniert.

Wiederholung II: Pronomen

Ergänzen Sie die Pronomen (*er, ihm, ihr, euch, sich, welcher, eines* ...)!

Liebe Karin, lieber Holger,

wie geht es ________? Seid ________ am Sonntag gut nach Hause gekommen? Wir haben ________ so gefreut, dass ________ uns besucht habt! Es war ein tolles Wochenende und ich hoffe, dass wir ________ bald wiedersehen.

Gestern haben ________ eure Geschenke bekommen. Das war eine schöne Überraschung, vielen, vielen Dank! Die beiden Pullover sind wunderschön; aber eins muss ich ________ fragen: W ________ wolltet ihr Sven schenken und w________ ist für mich?

Wie geht es Susanne und Alexander? Ist Susanne schon wieder gesund? Ich hoffe, dass es ________ jetzt viel besser geht und sie wieder zum Training gehen kann; ich weiß ja, wie gern ________ trainiert! Sagt ________ ganz schöne Grüße von uns.

Und was macht der kleine Alexander? Ist ________ immer noch den ganzen Tag mit seinem neuen Fahrrad unterwegs? Grüßt ________ auch ganz lieb von uns allen und sagt ________, dass unsere Kinder die ganze Zeit von ihm erzählen!

Uns geht es gut. Schade nur, dass es hier bei ________ schon seit drei Tagen regnet! Sven hat ________ schon informiert: Leider wird es auch am Wochenende regnen und ________ werden wahrscheinlich nicht zum Campingplatz fahren können.

Die Kinder gehen seit Montag wieder zur Schule, sodass ________ nicht mehr so viel Zeit zum Spielen haben. Katja lernt immer noch fleißig Portugiesisch. Die Sprache gefällt ________ so gut, dass sie manchmal auch mit ________ nur auf Portugiesisch redet. Das Problem ist nur, dass wir dabei kaum ein Wort verstehen!

Robert macht am Freitag einen Ausflug mit seinen Klassenkameraden: ________ fahren alle zusammen nach Köln. Er war noch nie in Köln und freut ________ schon auf den Dom und das Schokoladenmuseum.

Ich habe auch etwas für ________: Im Paket, das ich euch mit diesem Brief schicke, findet ihr zwei kleine Päckchen: ________ ist für dich, liebe Karin, und das andere (im blauem Geschenkpapier) ist für Holger. Für eure Kinder sind auch zwei Tassen dabei: ________ mit den Bildern von Berlin ist für Susanne und die andere, ________ mit den kleinen Katzen, ist für Alexander.

Schreibt ________ bald wieder!

Ich umarme ________ ganz fest!

Ganz liebe Grüße auch von Sven und den Kindern

Eure Heike

11 Adjektivdeklination nach dem unbestimmten Artikel und dem Nullartikel

Das ist ein *schönes* Fahrrad. Wir brauchen *frischen* Fisch.

- Das ist ja ein schönes Fahrrad! Ist es neu?
- ○ Es ist neu, gestern gekauft. Ich wollte mir dieses Mal ein ganz neues Fahrrad kaufen; mit alten Fahrrädern hatte ich immer nur Stress.
- Da hast du Recht! Ich hatte auch schon Probleme mit meinem alten Mountainbike, es hatte kaputte Bremsen. Als ich einmal zu einem Fest fuhr, bin ich gegen einen Baum gefahren!
- ○ Hattest du dir weh getan?
- Nein, aber ich hatte einen schönen weißen Mantel und eine hellblaue Hose, die danach überall braune Flecken hatten. Und meine neue Tasche war auch schmutzig! Ich musste wieder nach Hause fahren und mich umziehen.

I Mit oder ohne Endung?

Sie hat sehr *schön**e*** Schuhe. Sie trägt immer *elegant**e*** Kleider. Das ist ein *nett**er*** Lehrer.	→ Adjektivendung: vor dem Nomen (*Schuhe, Kleider, Lehrer*)
Die Schuhe sind *schön*. Die Kleider sehen *elegant* aus. Er wirkt *sehr* nett.	→ Keine Endung: nach dem Verb (*sein, aussehen, wirken*)

II Adjektivendungen nach dem unbestimmten Artikel

Nominativ:	Das ist ein *schön**es*** Fahrrad! Hier liegt ein *weiß**er*** Mantel.
Akkusativ:	Ich wollte ein *neu**es*** Fahrrad. Ich hatte einen *weiß**en*** Mantel.
Dativ:	Ich hatte Probleme mit meinem *alt**en*** Mountainbike.
Genitiv:	Statt eines *gebraucht**en*** Fahrrads kaufte sie ein neues.

	Maskulin	Neutrum	Feminin	Plural
NOM.	ein / kein / mein } *alt**er*** Mantel	ein / kein / mein } *alt**es*** Auto	eine / keine / meine } *alt**e*** Hose	ø *alt**e*** Autos*
AKK.	einen / keinen / meinen } *alt**en*** Mantel			ø *alt**e*** Autos
DAT.	einem / keinem / meinem } *alt**en*** Mantel	einem / keinem / meinem } *alt**en*** Auto	einer / keiner / meiner } *alt**en*** Hose	ø *alt**en*** Autos
GEN.	eines / keines / meines } *alt**en*** Mantels	eines / keines / meines } *alt**en*** Autos		ø *alt**er*** Autos

Endung *-en*

* Plural: auch *einige / wenige / viele / ein paar / zwei (drei, vier ...)* alt**e** Autos
ABER: *keine / meine* alt**en** Autos

→ Kap. 12

III Adjektivendungen nach dem Nullartikel

NOMINATIV: Ist das ø deutsch*es* Brot / ø französisch*er* Wein?

AKKUSATIV: Ich brauche ø frisch*en* Fisch! ◊ Er kauft ø frisch*e* Tomaten.

DATIV: Bei ø stark*em* Regen muss man vorsichtig fahren.
Ich esse gern Suppe mit ø schwarz*em* Brot und Müsli mit frisch*er* Milch.

GENITIV: zwei Flaschen spanisch*en* Weins, der Geruch frisch*en* Brotes
ein Glas frisch*er* Milch

Dat. Maskulin und Neutrum Sg. → *-em*
Dat. und Gen. Feminin Sg. → *-er*

alle anderen Endungen → wie nach dem unbestimmten Artikel

1. Mit oder ohne Endung?

teure ◊ neues ◊ interessanter ◊ guter ◊ unhöflicher ◊ gut ◊ schön ◊ nett

1. Das ist eine ______________ Hose.
2. Ist das ein ______________ Geschirrspüler?
3. Es ist ______________, im Wald spazieren zu gehen.
4. Ein ______________ Fahrrad kostet viel Geld.
5. Das ist doch kein ______________ Film!
6. Ich glaube, die Bremsen sind sehr ______________.
7. Ich finde, Nils ist ein ziemlich ______________ Mensch!
8. Unsere Nachbarn sind wirklich ______________!

2. Setzen Sie die fehlenden Nominativ- und Akkusativendungen ein.

1. Das ist ja ein ziemlich schlecht___ CD-Player! – Einen besser___ CD-Player konnte ich nicht finden.
2. Oh, du hast einen neu___ Computer! – Das ist doch mein alt___ Computer!
3. Warum kaufst du dir nicht einen neu___ Scanner? – Gut___ Scanner kosten viel Geld.
4. Wie ist seine neu___ Wohnung? – Ich finde sie schön. Sie hat ein groß___, hell___ Wohnzimmer, ein schön___ Schlafzimmer und zwei klein___ Badezimmer.
5. Hast du schon ein neu___ Auto gekauft? – Ich muss zuerst mein alt___ Auto verkaufen.
6. Was macht dein klein___ Bruder? – Ich habe doch keinen klein___ Bruder!
7. Ich möchte japanisch___ Fisch kaufen. – Ich kenne ein gut___ Geschäft, die haben fast alles: holländisch___ Käse, irisch___ Bier, französisch___ Wein, italienisch___ Tomaten, türkisch___ Brot, brasilianisch___ Kaffee ...
8. Ich brauche einen rot___ Rock und eine weiß___ Bluse. – Rot___ Röcke haben wir nicht mehr, aber ich kann Ihnen einige weiß___ Blusen zeigen.

3. Beschreiben Sie eine Kollegin/einen Kollegen aus Ihrem Deutschkurs!

Hilfe:
Sie/er hat ... (Gesicht, Augen, Haare, Figur ... / schön, blau, lang, sportlich ...)
Heute trägt sie/er ... (Hemd, Bluse, Pullover ... / weiß, elegant, schick ...)
Sie/er ist immer sehr ... (nett, freundlich ...)

Sie hat ein schönes Gesicht und .. Er hat blaue Augen, Er hat lange Haare, Sie hat eine schöne Figur. Heute trägt sie ein weißes Hemd, trägt er elegante Bluse trägt sie einen schicken Pullover. Sie ist immer sehr nett, Er ist immer sehr freundlich.

4. Nominativ, Akkusativ oder Dativ? Ordnen Sie zu!

A: 1. Wir haben im Büro zwei ... c
2. Ich glaube, das ist kein ... b
3. Ich arbeite lieber an einem ... a

a) neuen Computer
b) neuer Computer
c) neue Computer

B: 1. Ist das unsere ...? d
2. Er spricht mit einer ... a
3. Im Lehrerzimmer sah ich einige ... b
4. Der Schulleiter spricht mit zwei ... c

a) neuen Lehrerin
b) neue Lehrerinnen
c) neuen Lehrerinnen
d) neue Lehrerin

5. Nominativ, Akkusativ, Dativ oder Genitiv? Ergänzen Sie die Endungen!

Herr Müller hat einen groß_en_, schwarz_en_ Hund. Gestern sah ich ihn mit seiner neu_en_ Frau; auch sie hat einen schwarz_en_ Hund: einen groß_en_ Terranova. Jeden Tag gehen die beiden mit ihren groß_er_ Hunden spazieren, und manchmal hat Herr Müller auch einen weiß_en_ Hund mit lang_em_ Beinen und einem groß_en_, weiß_en_ Kopf dabei: Das ist Bob, der Hund seiner ehemalig_en_ Frau. Urlaub machen die Müllers nicht: „Es gibt wenige gut_en_ Hotels, wo man drei groß_e_ Hunde halten darf", sagt Herr Müller, „Außerdem macht der Hund meiner neu_en_ Frau manchmal groß_en_ Krach (m.), wenn der Hund meiner Ex-Frau dabei ist". Kinder haben die Müllers auch nicht: „In unserer klein_en_ Wohnung ist kein Platz für Kinder!"

12 Adjektivdeklination nach dem bestimmten Artikel

Wo ist der *blaue* Mantel?

- Wo sind denn die neuen Kleider?
- ○ Sie sind im großen Schrank.
- Wo denn? Ich kann sie nicht finden!
- ○ Deine neuen Hemden habe ich in den großen Schrank gehängt.
- Den blauen Pulli finde ich auch nicht! Wo ist er?
- ○ Der blaue Pullover? Ich glaube, er ist noch im schwarzen Rucksack.
- Und das rote T-Shirt?
- ○ Es ist auch im großen Schrank, in der untersten Schublade.
- Aber der Griff der untersten Schublade ist kaputt, wie öffne ich sie jetzt?

I *Der blaue Mantel, den blauen Mantel:* Adjektivendungen nach dem bestimmten Artikel

NOMINATIV: Wo ist der blaue Pullover? Und wo ist das rote T-Shirt?
Plural: Wo sind die neuen Kleider?

AKKUSATIV: Das rote T-Shirt habe ich in den großen Schrank gehängt
Plural: Die neuen Hemden finde ich auch nicht!

DATIV: Das T-Shirt ist in der untersten Schublade.
Plural: Die Kleider sind noch in den blauen Tüten.

GENITIV: Der Griff der untersten Schublade ist kaputt.
Plural: Die Türen der großen Schränke kann man nicht öffnen.

	Maskulin	Neutrum	Feminin	Plural
NOM.	der / dieser / welcher } *neue* Pullover	das / dieses / welches } *neue* Hemd	die / diese / welche } *neue* Hose	die / diese / welche } *neuen* Mäntel
AKK.	den / diesen / welchen } *neuen* Pullover	das / dieses / welches } *neue* Hemd	die / diese / welche } *neue* Hose	die / diese / welche } *neuen* Mäntel
DAT.	dem / diesem / welchem } *neuen* Pullover	dem / diesem / welchem } *neuen* Hemd	der / dieser / welcher } *neuen* Hose	den / diesen / welchen } *neuen* Mänteln
GEN.	des / dieses / welches } *neuen* Pullovers	des / dieses / welches } *neuen* Hemdes	der / dieser / welcher } *neuen* Hose	der / dieser / welcher } *neuen* Mäntel

Endung *-en* Endung *-e*

II Plural: Adjektivendungen nach dem bestimmten und dem unbestimmten Artikel

die	***neuen*** Hemden	*ø*	***neue*** Hemden
diese		*einige*	
welche		*ein paar*	
keine		*wenige*	
meine / deine …		*viele*	
↓		*zwei / drei …*	

***kein-* und *mein-* (*dein-*, *sein-*, *ihr-* …)**

keine *neu**en*** Hemden, meine *rot**en*** Schuhe

→ Plural: wie nach dem *bestimmten* Artikel

kein *neu**es*** Hemd, dein *rot**er*** Schuh

→ Singular: wie nach dem *unbestimmten* Artikel (→ Kap. 11)

Übungen

1. Nominativ oder Akkusativ? Ergänzen Sie die Adjektivendungen.

1. Entschuldigung, wir suchen den neu___ Flughafen.
2. Die weiß___ Socken und die blau___ Hose sind in der Waschmaschine.
3. Der neu___ Schüler kommt aus Trier.
4. Die golden___ Ringe sind weg! – Vielleicht sind sie in der unter___ Schublade?
5. Sie besuchen das historisch___ Museum und die neu___ Kunstgalerie.
6. Ich finde den rot___ Pulli nicht! – Und ich kann die braun___ Schuhe auch nicht finden!
7. Diese blau___ Socken habe ich noch nie gesehen! – Vielleicht hat sie der alt___ Mieter vergessen.
8. In diesem Geschäft finde ich immer die schönst___ Kleider! – Aber es hat keine günstig___ Angebote.
9. Der weiß___ Mantel und die blau___ Hose stehen dir sehr gut. – Die blau___ Hose nehme ich, aber ich kaufe lieber den grau___ Mantel! Ich habe schon zu viele weiße Kleider.

2. Nominativ, Dativ oder Akkusativ? Verbinden Sie die Satzteile.

A:	1. Das passt gut zu der	a) weiße Bluse
	2. Wo sind denn die … ?	b) weißen Bluse
	3. Hast du die … gesehen?	c) weißen Blusen
B:	1. Die Schuhe passen nicht zum …	a) neue Mantel
	2. Wie teuer waren denn die …	b) neuen Mäntel
	3. Wo ist denn der …	c) neuen Mantel
	4. Was machst du denn mit den …?	d) neuen Mänteln

3. a) Adjektivdeklination nach dem bestimmten und dem unbestimmten Artikel. Ergänzen Sie die Endungen für Singular und Plural.

Singular	Plural
1. der neu___ Garten	die neu___ Gärten
2. ein schön___ Garten	___ Gärten
3. das neu___ Café	___ Cafés
4. ein nett___ Café	___ Cafés
5. ein freundlich___ Kollege	___ Kollegen
6. mein freundlich___ Kollege	___ Kollegen
7. kein gefährlich___ Hund	___ Hunde
8. meine lieb___ Tochter	___ Töchter

3. b) Verwenden Sie die Adjektive in der richtigen Form.

1. • Wir brauchen einen neu___ Schrank. Der alt___ Schrank im Schlafzimmer ist zu klein___, und außerdem passt er nicht zum neu___ Sofa.
   ○ Und was machen wir dann mit dem alt___ Schrank?
   • Ich weiß nicht, ich schaue in der Zeitung nach, vielleicht sucht jemand alt___ Schränke.
2. • Können Sie bitte dieses gelb___ Formular ausfüllen?
   ○ Welches gelb___ Formular?
   • Dieses vierseitig___ Formular. Und wir brauchen noch drei neu___ Fotos, Ihren neu___ Pass und eine Kopie Ihres alt___ Passes.
   ○ Tut mir leid, ich habe meinen neu___ Pass vergessen.
   • Dann geben Sie mir bitte Ihren Personalausweis oder ein ander___ gültig___ Dokument (n.).
   ○ Leider habe ich keine gültig___ Dokumente dabei.
   • Tut mir leid, dann müssen Sie in den nächst___ Tagen wieder vorbeikommen.

13 Partizip als Attribut

***fahrender* Zug, *geöffnete* Tür**

- Schnell, wir schaffen den Zug noch!
- ○ Er fährt doch schon! Wir können nicht in den fahrenden Zug einsteigen!

- Wer hat die Tür geöffnet? Kannst du sie bitte wieder schließen?
- ○ Warum denn?
- Ich kann bei geöffneter Tür nicht arbeiten, es ist zu laut!

Partizip I: *spielend, schreibend, aufstehend, bezahlend, …* (Bildung: Infinitiv + *d*)
Partizip II: *gespielt, geschrieben, aufgestanden, bezahlt, …*(Bildung: → Kap. 22)

I Partizip I als Attribut (vor dem *Nomen*)

Der Zug *fährt*.	Wir können nicht in den *fahrenden* Zug einsteigen! ↓ ↓ Partizip I + Adjektivendung

Partizip II als Attribut (vor dem *Nomen*)

Wer hat die Tür *geöffnet*?	Ich kann bei *geöffneter* Tür nicht arbeiten. ↓ ↓ Partizip II + Adjektivendung

Deklination: Partizipialattribute dekliniert man wie Adjektive!

in den { *schnell**en*** / *fahrend**en*** } *Zug einsteigen* *durch die* { *groß**e*** / *geöffnet**e*** } *Tür gehen*

Partizip I oder Partizip II?

Partizip I: dauernde Handlung (Die Kinder *spielen*. → die *spielenden* Kinder)
Zustand (Das Mädchen *schläft*. → das *schlafende* Mädchen)

Partizip II: abgeschlossene Handlung (Er hat die Tür *geöffnet*. → die *geöffnete* Tür)

1. Von welchem Verb kommt das Partizip?

<u>*öffnen*</u>	→ *geöffnete* Tür	____________	→ *gewaschene* Hosen
____________	→ *schlafender* Hund	____________	→ *singende* Kinder
____________	→ *fotokopierte* Seiten	____________	→ *gereinigte* Jacken

2. Ergänzen Sie die passenden Verben.

a) 1. Er wollte ein Fahrrad <u>*stehlen*</u> und mit dem *gestohlenen* Fahrrad fliehen.
2. Ich muss heute ______________! Ich habe keine *gebügelten* Hemden mehr!
3. Kannst du bitte die Tür ______________? Bei *geschlossener* Tür arbeite ich besser.
4. Er hat sich am Arm ______________. Der *verletzte* Arm tut ihm weh.
5. Die Stromrechnung hast du auch nicht ______________! Du hast ja immer mehr *unbezahlte* Rechnungen!

b) 1. Er fotografiert die *schlafende* Katze. (→ Die Katze <u>*schläft*</u>.)
2. Der Arzt verbindet den *blutenden* Fuß. (→ Der Fuß ______________.)
3. Ergänzen Sie die *fehlenden* Endungen! (→ Die Endungen ______________.)
4. Machen Sie die *brennenden* Kerzen aus. (→ Die Kerzen ______________.)
5. Beantworten Sie die unten *stehenden* Fragen. (→ Die Fragen ________ unten.)

3. Partizip I oder Partizip II? <u>Unterstreichen</u> Sie die passende Form.

1. • Ich möchte diese CD umtauschen, aber ich habe den Kassenbon verloren.
   ○ Tut mir leid, *kaufende / gekaufte* Ware tauschen wir nur mit Kassenbon um.
2. • Diese Krawatte *passt* nicht zu seinem Hemd.
   ○ Er schafft es nie, eine *passende / gepasste* Krawatte auszusuchen!

4. Stellen Sie Fragen.

1. Ich habe die Gläser schon *gespült.* → *Und wo sind die gespülten Gläser?*
2. Die Hemden habe ich schon *gebügelt.* → *Und wo sind die ...*
3. Das Fahrrad ist schon *repariert.* →
4. Ich habe dein T-Shirt *gewaschen.* →

14 Adjektiv und Partizip als Nomen

etwas *Neues*, ein *Bekannter* von mir

- Hast du in der Sitzung etwas Neues gehört?
- Nein, es wurde wieder nichts Interessantes gesagt.

etwas / **nichts**	**Neues**	**etwas** / **nichts**	**Schönes**	**etwas** / **nichts**	**Besonderes**

ADJEKTIV		NOMEN
neu	→	etwas *Neues*, nichts *Neues*, das *Neue* ...
interessant	→	etwas *Interessantes*, nichts *Interessantes*, das *Interessante* ...
gut	→	etwas *Gutes*, nichts *Gutes*, das *Gute*; Alles *Gute* zum Geburtstag!
deutsch	→	(das) *Deutsch*(e), ein *Deutscher*, eine *Deutsche*, die *Deutschen* ...

PARTIZIP		NOMEN
bekannt	→	Vor dem Kino habe ich viele *Bekannte* gesehen.
verwandt	→	Meine *Verwandten* leben in der Türkei.
geliebt	→	Sie hat einen *Geliebten*. Er hat eine *Geliebte*.

Deklination: Nominalisierte Adjektive dekliniert man wie andere Adjektive!

alt	→	Hallo *Alt**er***! (→ *alt**er*** Freund)
neu	→	Wie heißt der *Neu**e***? (→ der *neu**e*** Schüler/Kollege ...)
jugendlich	→	viele *Jugendlich**e*** (→ *jugendlich**e*** Menschen/Personen)
		ein *Jugendlich**er*** (→ ein *jugendlich**er*** Mensch)
deutsch	→	Er sprach mit einer *Deutsch**en*** (→ mit einer *deutsch**en*** Frau).
		Hier wohnen meistens nur *Deutsch**e*** (→ *deutsch**e*** Menschen).
bekannt	→	Er begrüßte einen *Bekannt**en*** (→ einen *bekannt**en*** Mann/Menschen).
		Das ist ein *Bekannt**er*** von mir (→ ein *bekannt**er*** Mann/Mensch).

ABER:
jung → ein Junge (nicht: ein *Junger**) → *n*-Deklination (Kapitel 4)

1. Wie lautet das Nomen?

1. *(schön, originell)*
   - ● Hast du dir etwas _Schönes_ für die Party gekauft?
   - ○ Nein, ich habe nichts gefunden, ich wollte etwas Besonderes, etwas ganz ____________!

2. *(interessant, neu)*
   - ● Ich war gerade in der Buchhandlung.
   - ○ Hast du etwas ____________ gefunden?
   - ● Nein, sie hatten nichts ____________.

2. Ergänzen Sie.

1. *(lecker)* Ich habe etwas _Leckeres_ für dich gekocht!
2. *(polnisch 2x, englisch, 2x)* Sie übersetzt aus dem ________ ins ________ und aus dem ________ ins ________.
3. *(bekannt)* ● Wer war das denn wieder?
   ○ Ein ________ von mir.
   ● Du hast aber wirklich viele ________!
4. *(deutsch)* Auf Mallorca habe ich viele ________ und Engländer gesehen.
5. *(arbeitlos)* In dieser Stadt gibt es viele ________ .
6. *(verwandt)* Im Urlaub habe ich seine ________ kennengelernt.
7. *(tot, verletzt)* Gab es bei dem Unfall ________? – Nein, nur zwei leicht ________.
8. *(deutsch, 2x)* Er spricht kaum ________, weil er keinen Kontakt zu ________ hat.
9. *(lieb)* Hallo, mein ________!
   (best-) Ich wünsche Dir ein frohes Weihnachtsfest und alles ________ zum neuen Jahr.
   (gut) Deiner Familie wünsche ich auch alles ________ .

15 Steigerung des Adjektivs: Komparativ und Superlativ

groß < größer < am größten

Dieser Elefant ist ziemlich *groß*! ↓ **DER POSITIV**

Und dieser ist noch *größer*! ↓ **DER KOMPARATIV**

Der hier ist aber *am größten* ↓ **DER SUPERLATIV**

POSITIV	KOMPARATIV	SUPERLATIV	
hell	heller	am hellsten/der hellste	Dein Zimmer ist *heller* ***als*** meins.
lang	länger	am längsten/der längste	Der Nil ist *länger* ***als*** der Rhein.
groß	größer	am größten/der größte	München ist *größer* ***als*** Köln.
jung	jünger	am jüngsten/der jüngste	Das ist mein *jüngster* Bruder.
teuer	teu*rer*	am teuersten/ der teuerste	Unsere alte Wohnung war *teurer* und *dunkler* ***als*** die neue.
dunkel	dunk*ler*	am dunkelsten/ der dunkelste	
elegant	eleganter	am elegantesten/ der eleganteste	Sie war die *eleganteste* und die *hübscheste* Frau im Saal.
hübsch	hübscher	am hübschesten/ der hübscheste	
hoch	höher	am höchsten/ der höchste	Dieser Turm ist *höher* und auch *näher* ***als*** der andere.
nah	näher	am nächsten/ der nächste	
gut	besser	am besten/der beste	Das japanische Radio ist *besser* ***als*** das französische.
viel	mehr*	am meisten/der meiste	– Es kostet aber auch *mehr* Geld!

*mehr/weniger: *schönere/bessere* Tische, ↔ *mehr/weniger* Tische (keine Endung)

Die meisten einsilbigen Adjektive: *a* → *ä*, *o* → *ö*, *u* → *ü*
→ *warm – wärmer – am wärmsten*
→ *groß – größer – am größten*
→ *klug – klüger – am klügsten*

ABER: schmal – schmaler – …, schlank – schlanker – …, **Ohne Umlaut!**

Adjektive auf *-el, -er*: Komparativ: *dunkel* → *dunkler*
teuer → *teurer*

Adjektive auf *-s, -z, -ß, -sch, -d, -t*
Superlativ: *am hübschesten, der netteste*
ABER: *am größten*

***als* oder *wie*?**

München ist *größer* ***als*** Köln.
Der Küchentisch ist *kleiner* ***als*** der Schreibtisch.

größer / kleiner + ***als***

Keine deutsche Stadt ist *so groß* ***wie*** Berlin.
Die Zimmerwand ist *genauso hoch* ***wie*** die Küchenwand.

so / genauso / ebenso groß + ***wie***

Übungen

1. Wie lauten der Komparativ und der Superlativ?

schnell	*schneller, am schnellsten*	viel	________
kurz	________	teuer	________
schlecht	________	dunkel	________
dumm	________	frisch	________
elegant	________	hoch	________
jung	________	edel	________
gut	________	sauer	________

2. *Als* oder *wie*? Ordnen Sie zu.

1. Ich lese lieber Kriminalromane
2. Liebesromane lese ich nicht so gern
3. Köln ist nicht so groß
4. Köln ist kleiner

a) wie historische Romane.
b) wie München.
c) als historische Romane.
d) als München.

3. Ein bisschen Geographie

a) Komparativ oder Superlativ?

Deutschland hat 16 Bundesländer. Bayern ist das (*groß*) _*größte*_ von allen Bundesländern (50.549 km^2), aber Nordrhein-Westfalen ist das (*bevölkerungsreich*) ________________ deutsche Bundesland: Das heißt, Nordrhein-Westfalen hat (*viel*) ______________ Einwohner als alle anderen Bundesländer.

Die (*hoch*) ____________ Einwohnerzahl hat die Stadt Berlin. Das bedeutet, dass in den anderen deutschen Städten (*wenig*) ____________ Menschen leben als in Berlin.

Die (*hoch*) ______________ Berge in der Schweiz sind die Dufourspitze, der Dom, das Weißhorn und das Matterhorn. Die (*groß*) ______________ Stadt des Landes ist Zürich; sie hat (*viel*) ______________ Einwohner als die Hauptstadt Bern. Die (*groß*) ____________ Kantone der Schweiz heißen Graubünden und Bern. Die (*viel*) ______________ Menschen in der Schweiz sprechen Deutsch, in vielen Kantonen spricht man aber auch Französisch, Italienisch und Rätoromanisch. Der Kanton Graubünden hat die (*hoch*) ______________ Zahl der Rätoromanisch-Sprecher.

b) *Komparativ* oder *Superlativ*? *Als* oder *wie*?

Die (*groß*) ______________ Stadt des Bundeslandes Sachsen-Anhalt ist Halle. Die Hauptstadt des Landes heißt Magdeburg und ist kleiner ______________ Halle. Die (*alt*) ______________ Universität in Sachsen-Anhalt ist die Martin-Luther-Universität Halle-Magdeburg. Sie ist jedoch nicht so alt ______________ die Universität Heidelberg in Baden-Württenberg. Die Universität Heidelberg ist die (*alt*) ______________ Universität Deutschlands – und sicher auch eine der (*gut*) ______________ und (*bekannt*) ______________ des Landes.

Noch (*alt*) ____________ als die Heidelberger Universität sind die italienische Universität Bologna und die französische Universität Sorbonne – das sind die (*alt*) ______________ und (*traditionsreich*) ____________________ Universitäten in Europa.

c) Schreiben Sie jetzt einige Sätze über Österreich.

Berge: der Großglockner (3797 m), die Wildspitze (3768 m), die Weißkugel (3739 m)

Vergleichen Sie die höchsten Berge Österreichs miteinander!

Die ________________ Berge in Österreich sind der Großglockner, die Wildspitze und die Weißkugel. Der Großglockner und die Wildspitze sind ________________ als die Weißkugel. Der Großglockner ist noch ________________ als die Wildspitze. Er ist der ________________ von allen Bergen Österreichs.

Städte: Wien (Hauptstadt, ≈ 1.600.000 Einwohner), Graz (≈ 234.000), Linz (≈ 184.000), Salzburg (≈ 144.000), Innsbruck (≈ 114.000)

1. Wie heißen die *größten* Städte?

   Die ________________ Städte heißen ________________________________.

2. Welche Städte sind *größer* und welche *kleiner* als Linz?

   ____

   ____

3. Welche Städte haben *mehr* Einwohner als Salzburg und welche *weniger*?

   ____

   ____

4. In welcher Stadt leben die *meisten* Menschen?

   ____

   ____

Wiederholung III: Adjektive und Partizipien

Ergänzen Sie den Lückentext (Adjektivendungen, *als, wie ø*).

Die richtige Wohnung

- Na, liest du wieder Kleinanzeigen? Hast du etwas Neu___ gefunden?
- ○ Nein, nichts Besonder___. Nur eine klein___ Wohnung mit Balkon in der Stadtmitte.
- Lies mal die Anzeige vor!
- ○ „Zentral gelegen___ Zwei-Zimmer-Wohnung in der Berliner Straße; groß___ Balkon (2 x 5 Meter), modern___ Küche, hell___ Wohnzimmer, gemütlich___ Schlafzimmer, Bad. Alles top renoviert___. Kaltmiete 400 €."
- Das hört sich interessant___ an! Ich wollte immer einen groß___ Balkon haben! Da kann man bei schön___ Wetter draußen sitzen!
- ○ Aber dieser Balkon ist ja noch kleiner ____ der Balkon unserer Nachbarn! 2 x 5 Meter, das ist zu lang___ und zu eng___!
- Ich glaube, unser klein___ Küchentisch passt trotzdem sehr gut drauf!
- ○ Kann sein. Aber wir können ja auch hier draußen sitzen, wir haben doch einen groß___ Garten!
- Aber in so einem ungepflegt___ und unordentlich___ Garten kann man doch nicht sitzen! Du weißt ja selbst, in den letzt___ zwei Jahren haben wir nie draußen gesessen!
- ○ Na ja, wir hatten immer so schlecht___ Wetter …
- Und die Wohnung ist außerdem noch billig___ als die Wohnung, die wir gestern gesehen haben!
- ○ So billig___ ist sie auch wieder nicht! Da bleibe ich lieber in unserer alt___ Wohnung. Sie ist nicht so teuer und laut _____ die Wohnungen in der Stadtmitte.
- Unsere Wohnung ist aber so alt___! Ich möchte so gern in einer hell___, renoviert___ und frisch gestrichen___ Wohnung wohnen!
- ○ Wir können ja unsere gut___, alt___ Wohnung auch streichen, die Fenster putzen und den Garten schöner machen.
- Ja, aber sie liegt immer noch weit weg vom Zentrum …

4 Verb

16 Präsens

ich *bin*, du *bist* … ich *wohne*, du *wohnst* …

Im Klassenzimmer
Indira, Boris und Robert lernen Deutsch. Sie sind gerade im Klassenzimmer.

Robert: Hallo, ich heiße Robert!
Indira: Ich bin Indira.
Boris: Und ich heiße Boris.
Indira: Woher kommst du, Robert?
Robert: Ich komme aus Kamerun. Und woher kommt ihr?
Indira: Ich komme aus Indien und Boris kommt aus Russland.
Robert: Seid ihr schon lange hier in Köln?
Boris: Wir lernen Deutsch in Köln, aber wir wohnen beide nicht hier: Ich wohne in Düsseldorf und Indira wohnt in Bonn.
Indira: Und wir suchen Studentenzimmer in Köln.
Boris: Und du, seit wann bist du in Köln?
Robert: Seit sechs Monaten. Ich habe hier ein Zimmer im Studentenwohnheim. Und wie lange lernt ihr schon Deutsch?

Ich komme, du kommst, er kommt …

ich	Ich heiß**e** Robert. Ich komm**e** aus Kamerun. Ich wohn**e** in Köln.
du	Woher komm**st** du, Robert? Wohn**st** du auch in Köln?
er / sie	Boris komm**t** aus Russland. Indira wohn**t** in Bonn.
wir	Wir wohn**en** beide nicht in Köln. Wir such**en** Studentenzimmer in Köln.
ihr	Woher komm**t** ihr? Wie lange lern**t** ihr schon Deutsch?
sie	Indira, Boris und Robert lern**en** Deutsch.

Im Geschäft

Charlotte und ihr Sohn Philip sind in einem Geschäft. Charlotte kauft neue Kleider.

Verkäuferin: Bezahlen Sie mit Karte oder bar?
Charlotte: Mit Karte, bitte.
Verkäuferin: Brauchen Sie noch eine Tüte?
Charlotte: Ja bitte!
Philip: Mama, kaufst du mir eine Schokolade?

„*Per du*“ oder „*per Sie*“?

„per du“ → Philip: Mama, kaufst du mir eine Schokolade?

„per Sie“ → Verkäuferin: Bezahlen Sie mit Karte oder bar?
Brauchen Sie eine Tüte?

	regelmäßige Präsensbildung		unregelmäßige Präsensbildung	
	wohnen	***kommen***	***sein***	***haben***
ich	wohn**e**	komm**e**	bin	habe
du	wohn**st**	komm**st**	bist	hast
er/sie/es	wohn**t**	komm**t**	ist	hat
wir	wohn**en**	komm**en**	sind	haben
ihr	wohn**t**	komm**t**	seid	habt
sie/Sie	wohn**en**	komm**en**	sind	haben

Auch regelmäßig: *bezahlen, brauchen, kaufen, lernen, suchen ...*

Übungen

1. Was passt zusammen?

1. Er a) brauchen ein Auto.
2. Ich b) wohnt nicht in Kiel.
3. Wir c) suche eine Wohnung.

4. Woher kommst d) Anna und Bob?
5. Wo wohnen e) ihr?
6. Woher kommt f) du?

2. „Per du“ oder „per Sie“?

1. Herr Peters, a) habt ihr schon Hunger?
2. Kinder, b) ich gehe einkaufen, brauchst du etwas?
3. Sebastian, c) wo wohnen Sie?

3. Ergänzen Sie die Dialoge.

1. ● (*spielen*) ________________ du gern Fußball?
   ○ (*spielen, treiben*) Nein, aber ich ________________ gern Basketball und Volleyball. Ich ________________ jeden Tag Sport.
2. ● (*kaufen*) Warum ________________ ihr Blumen?
   ○ (*besuchen*) Wir ________________ heute unsere Kollegin.
3. ● (*gehen*) ________________ ihr in den Supermarkt?
   ○ (*brauchen*) Ja, wir ________________ noch Milch und Butter.
   ● (*gehen*) Und Lisa, ________________ sie auch mit euch einkaufen?
   ○ (*bleiben, lernen, haben*) Nein, sie ________________ zu Hause. Sie ______________ Mathematik und ______________ keine Zeit zum Einkaufen.

4. *Haben (ich habe, du hast ...)* oder *sein (ich bin, du bist ...)*?

1. ● ______________ du Geschwister?
   ○ Ja, ich ______________ zwei Schwestern und einen Bruder.
2. ● Du ______________ noch im Bett! ______________ du denn so müde?
   ○ Ich ______________ nicht müde! Ich ______________ Kopfschmerzen.
3. ● Wann ______________ ihr heute Abend zu Hause?
   ○ Ich ______________ bis fünf Uhr im Büro und Andrea ______________ bis sechs Uhr Klavierunterricht. Aber spätestens um halb sieben ______________ wir beide zu Hause.
4. ● Wo ist denn die Katze?
   ○ Sie ______________ unter dem Bett, sie ______________ Angst!
5. ● ______________ du noch Hunger, möchtest du noch etwas essen?
   ○ Nein, aber ich ______________ Durst. ______________ wir noch Wasser oder Cola im Kühlschrank?

6. ● Wo ____________ meine T-Shirts und mein Pullover?

○ Deine T-Shirts ____________ auf dem Tisch im Schlafzimmer und dein Pullover ____________ im Schrank.

7. ● ____________ ihr morgen Unterricht?

○ Nein, morgen ____________ wir frei und wir wollen ins Schwimmbad gehen! Möchtest du mitkommen?

● Das geht leider nicht, ich ____________ noch erkältet und ____________ Halsschmerzen.

5. Am Telefon

● Hallo Martin, hier (*sein*) ________________ Johannes.

○ Hallo Johannes, (*sein*) ________________ ihr schon in Berlin?

● Nein, wir (*fahren*) ________________ erst am Samstag, denn wir (*haben*) ____________ noch viel Arbeit zu erledigen. Und was (*machen*) ____________ ihr am Wochenende?

○ Wir (*bleiben*) ______________ in Köln. Ich (*schreiben*) ______________ am Montag einen Test und muss lernen. Katja (*besuchen*) ____________ ihre Eltern.

● (*haben*) ________________ du heute Abend Zeit? Rot-Weiß-Essen (*spielen*) ________________ gegen FC Bochum, wir können das Spiel bei mir zu Hause sehen.

○ Gern! Ich (*kommen*) ________________ um sieben Uhr zu dir. Und ich (*fragen*) ____________ auch Katja, vielleicht (*haben*) ______________ sie auch Lust, das Spiel zu sehen.

● Gut, dann bis später!

○ Tschüss!

17 Präsens

ich *esse* – du *isst*, ich *arbeite* – du *arbeitest*, ich *sammle* – du *sammelst*

Rinuzzo und Charlotte lernen Deutsch. Charlotte arbeitet als Französischlehrerin. Ihre Muttersprache ist Französisch, aber sie spricht auch Italienisch und sie lernt gerade Deutsch. Ihr Deutsch ist schon ziemlich gut; sie kann schon viel verstehen, denn sie liest oft deutsche Zeitungen und sieht gern Filme in deutscher Sprache.
Charlotte trägt gern elegante Kleider und Hüte.
Rinuzzo ist Italiener. Er spricht noch nicht so gut Deutsch. Er sagt, er vergisst immer neue Wörter. Aber er versteht fast alles und kann sehr gut schreiben. Er singt gern und fährt jeden Tag Fahrrad. Und er schläft auch sehr gern!

Der Sohn von Charlotte und Rinuzzo heißt Philip. Er isst sehr gern Schokolade und sammelt Spielzeugautos. Er sucht gerade sein neues Auto, aber er findet es nicht!
Philip spricht schon sehr gut Deutsch, denn er hat schon viele deutsche Freunde. Er trifft seine Freunde meistens im Kindergarten oder auf dem Spielplatz.

I Ich spreche – du sprichst

Verben mit Vokalwechsel

	e → i		e → ie		a → ä	
	sprechen	***essen***	***sehen***	***lesen***	***tragen***	***fahren***
ich	spreche	esse	sehe	lese	trage	fahre
du	sprichst	isst	siehst	liest	trägst	fährst
er/sie/es	spricht	isst	sieht	liest	trägt	fährt
wir	sprechen	essen	sehen	lesen	tragen	fahren
ihr	sprecht	esst	seht	lest	tragt	fahrt
sie/Sie	sprechen	essen	sehen	lesen	tragen	fahren

Beispiele:	**e → i**	geben:	*ich gebe, du gibst, er gibt ...*
		helfen:	*ich helfe, du hilfst, er hilft ...*
		nehmen:	*ich nehme, du nimmst, er nimmt ...*
		treffen:	*ich treffe, du triffst, er trifft ...*
		treten:	*ich trete, du trittst, er tritt ...*
		vergessen:	*ich vergesse, du vergisst, er vergisst ...*
	e → ie	empfehlen:	*ich empfehle, du empfiehlst, er empfiehlt ...*
		stehlen:	*ich stehle, du stiehlst, er stiehlt ...*
	a → ä	einladen:	*ich lade ein, du lädst ein, er lädt ein ...*
		fallen:	*ich falle, du fällst, er fällt ...*
		halten:	*ich halte, du hältst, er hält ...*
		lassen:	*ich lasse, du lässt, er lässt ...*
		schlafen:	*ich schlafe, du schläfst, er schläft ...*
		wachsen:	*ich wachse, du wächst, er wächst ...*
		waschen:	*ich wasche, du wäschst, er wäscht ...*
auch:	**o → ö**	stoßen:	*ich stoße, du stößt, er stößt ...*
	au → äu	laufen:	*ich laufe, du läufst, er läuft ...*(→ S. 156)

II arbei*t*en, fin*d*en

Charlotte arbeit**et** als Französischlehrerin.

Verbstamm endet auf *-t, -d, -m, -n*

ich arbeite	*du arbeitest*	*er arbeitet*	*wir arbeiten*	*ihr arbeitet*	*sie arbeiten*
ich finde	*du findest*	*er findet*	*wir finden*	*ihr findet*	*sie finden*
ich atme	*du atmest*	*er atmet*	*wir atmen*	*ihr atmet*	*sie atmen*
ich öffne	*du öffnest*	*er öffnet*	*wir öffnen*	*ihr öffnet*	*sie öffnen*

III samme*ln*, läche*ln*

Philip samm**elt** Spielzeugautos. Ich samm**le** Bilder.

Verbstamm endet auf *-el*

sammeln:	*ich sammle*	*du sammelst*	*er sammelt ...*
lächeln:	*ich lächle*	*du lächelst*	*er lächelt ...*

IV le*s*en, e*ss*en, hei*ß*en, si*tz*en

Lie**st** du gern?

Verbstamm endet auf *-s, -ss, -ß, -z*

essen:	*ich esse*	*du isst*	*er isst ...*
heißen:	*ich heiße*	*du heißt*	*er heißt ...*
lesen:	*ich lese*	*du liest*	*er liest ...*
sitzen:	*ich sitze*	*du sitzt*	*er sitzt ...*

↓

Endung *-t* (nicht *-st*!)

1. Wie lautet der Infinitiv?

1. er trägt → *tragen*
2. er stößt → ______
3. ich sammle → ______
4. er trifft → ______
5. sie wäscht → ______
6. er isst → ______
7. sie sieht → ______
8. ich klingle → ______
9. sie hilft → ______
10. du lächelst → ______

2. Stellen Sie Fragen!

1. Ich fahre mit dem Bus. → *Fährst du auch mit dem Bus?*
2. Wir essen viel. → ______ du auch viel?
3. Ich arbeite gern zu Hause. → ______ du auch gern zu Hause?
4. Ich helfe gern alten Menschen. → ______ du auch gern alten Menschen?
5. Wir nehmen den ICE. → ______
6. Ich trage gern rote Kleider. → ______
7. Ich spreche Englisch. → ______
8. Ich schlafe wenig. → ______
9. Ich sammle alte Fotos. → ______

3. Antworten Sie.

1. Was essen Sie gern?
   Ich esse gern …
2. Was für Kleider tragen Sie gern (elegant, sportlich …)?
   ______
3. Schlafen Sie gern lange?
   ______
4. Was lesen Sie gern?
   ______
5. Wo treffen Sie Ihre Freunde (zu Hause, in Kneipen …)?
   ______
6. Welche Sprachen sprechen Sie?
   ______
7. Wo arbeiten Sie?
   ______

3. a) Schreiben Sie jetzt über *einen Freund/eine Freundin*.

*Er / sie isst gern …*____

____

____

____

____

____

____

4. Ergänzen Sie die Dialoge.

1. *Gibst* du mir bitte den Topf? – Wo __________ er denn? (*geben, sein*)
2. ● ____________ du mir mal mit diesem Koffer? Er ___________ zu schwer. (*helfen, sein*)
   ○ Warum ______________ du immer so große Koffer, wenn du mit dem Zug ______________? (*nehmen, fahren*)
3. ● Was ________ unten auf dem Plakat? Ich kann das nicht lesen! (*stehen*)
   ○ Du ______________ nicht gut, du _____________ eine neue Brille! (*sehen, brauchen*)
4. ● Wie _____________ du den neuen Film von Caroline Link? (*finden*)
   ○ Ich habe ihn nicht gesehen, er ___________ nicht mehr im Kino. (*laufen*)
5. ● Warum __________ du so ernst auf allen Fotos? (*sein*)
   ○ Ich _____________ nie auf Fotos, ich hasse das Fotografieren! (*lächeln*)
6. ● Oh, so ein schönes Hündchen! Wie ___________ du denn, Süßer? (*heißen*)
   ○ Tut mir leid, er ___________ kein Deutsch. (*sprechen*)
7. ● Es ____________, ____________ du bitte die Tür? (*klingeln, öffnen*)
   ○ Mein Schlüssel ist aber noch im Auto, ______________ du mir deinen Schlüssel? (*geben*)
   ● Du _______________ immer deinen Schlüssel! (*vergessen*)
8. ● ___________ du bitte das Fenster? Es _________ so warm! (*öffnen, sein*)
   ○ Warum ______________ du dann neben der Heizung? (*sitzen*)

18 Trennbare und untrennbare Verben

Sie *kommt* im Büro *an*. Sie *bekommt* viele E-Mails.

Ein ganz normaler Tag

Um 6.30 Uhr klingelt der Wecker. Ulrike steht auf und bereitet das Frühstück vor. Sie frühstückt mit ihrer Tochter und schon um 7.30 Uhr fahren sie los, denn Ulrike muss ihre Tochter in den Kindergarten bringen und dann sofort zur Arbeit fahren. Um 8 Uhr kommt sie im Büro an und schaltet sofort den Computer ein. Sie *bekommt* jeden Tag viele E-Mails.

Um 16 Uhr kann sie endlich ihren Computer ausschalten. Danach macht sie das Licht aus und *verlässt* das Büro. Nach der Arbeit kauft sie noch schnell ein paar Sachen ein und holt ihre Tochter vom Kindergarten ab. Gegen 17 Uhr fahren Mutter und Tochter nach Hause und essen zu Abend. Danach gehen sie spazieren, *besuchen* Freunde oder sehen fern. Spätestens um 21 Uhr muss die Tochter schlafen gehen.

I Trennbare Verben

abholen	Sie holt ihre Tochter vom Kindergarten ab.
ankommen	Um 8 Uhr kommt sie im Büro an.
aufstehen	Sie steht um 6.30 Uhr auf.
ausmachen	Sie macht das Licht aus.
einschalten	Sie schaltet den Fernseher ein.
fernsehen	Manchmal sehen sie abends fern.
losfahren	Um 7.30 Uhr fahren sie los.
schlafen gehen	Spätestens um 21 Uhr geht ihre Tochter schlafen.
spazieren gehen	Danach gehen sie spazieren.
vorbereiten	Sie bereitet das Frühstück vor.

Weitere trennbare Präfixe:

fest (festnehmen), *frei* (freilassen), *mit* (mitkommen)
weg (weggehen), *zu* (zumachen), *zurück* (zurückfahren)
DOPPELTE PRÄFIXE: *herein, heraus, hinein, hinaus, herunter* ... (hereinkommen, herausgehen)
vorbei (vorbeikommen): Kommen Sie *herein*! Er geht *hinaus*. Ich komme *vorbei*.

Verbklammer

Sie	steht	morgens um 6.30 Uhr	auf.
Morgens	steht	sie um 6.30 Uhr	auf.
Wann	steht	sie morgens	auf?
	Steht	sie morgens um 6.30 Uhr	auf?

Modalverben	Um 16 Uhr kann sie den Computer **aus**schalten. Die Tochter muss spätestens um 21 Uhr **schlafen** gehen.
Perfekt	Um 16 Uhr hat sie den Computer **aus**geschaltet. Die Tochter ist um 21 Uhr **schlafen** gegangen. (→ Kap. 22)
Nebensatz	Sie sagt, dass sie morgens um 6 Uhr **auf**steht.

II Untrennbare Verben

bekommen, besuchen	Sie *bekommt* viele E-Mails. Abends *besucht* sie ihre Freunde.
verlassen	Um 16 Uhr *verlässt* sie das Büro

Untrennbare Präfixe:

be- (besuchen), *er-* (erzählen), *emp-* (empfehlen), *ent-* (entschuldigen), *ge-* (gebrauchen), *miss-* (missverstehen), *ver-* (vergessen), *zer-* (zerbrechen)

Was ist betont?

Ich muss früh aufstehen. Wann gehst du einkaufen ?	Trennbare Präfixe (*auf-, ab-, ein-* ...) sind **betont**.
Ich will meine Eltern besuchen. Entschuldigen Sie bitte!	Untrennbare Präfixe (*be-, er-, ent-* ...) sind **nicht betont**.

Übungen

1. Ergänzen Sie die Dialoge.

1. *Kaufst* du heute *ein*? – Ich kann nicht *einkaufen*, ich arbeite bis 8 Uhr.
2. *Füllst* du das Formular *aus*? – Ich kann es jetzt nicht ______________.
3. *Räumst* du das Zimmer *auf*? – Ich kann es nicht ______________, ich muss lernen.
4. *Rufst* du mich morgen *an*? – Ich kann dich nicht ______________, ich muss arbeiten.
5. ___________ du endlich _________? – Ich kann nicht *aufstehen*, ich bin müde!
6. ______________ du ______ ins Kino? – Leider kann ich nicht *mitkommen*, ich habe viel zu tun.

2 Was machen Sie in Ihrer Freizeit? Schreiben Sie 4 bis 5 Sätze!

~~fernsehen~~ – Bücher lesen – ausgehen – Freunde anrufen – Rad fahren – Schach spielen

In meiner Freizeit sehe ich oft fern. Manchmal … ______________________

____

Nachmittags … ______________________

Abends … ______________________

Am Wochenende … ______________________

____

3. Was muss man betonen? Suchen Sie die Verben und unterstreichen Sie die betonten Silben.

Er *bestellt* eine Cola und ein Glas Wein. (*be-*: untrennbar und nicht betont)
Er muss seine Chefin *anrufen*. (*an-*: trennbar und betont)

1. Hier können Sie nicht einsteigen.
2. Entschuldigen Sie bitte.
3. Wir verkaufen unseren Wagen.
4. Wann bist du heute aufgestanden?
5. Ich kann das Radio nicht einschalten.
6. Der Großvater erzählt eine Geschichte.

4. Trennbar oder untrennbar? Ergänzen Sie den Dialog.

Die Kursteilnehmer wollen zusammen eine kleine Feier organisieren. Sie unterhalten sich:

1. Ich *schlage* *vor*, jeder ____________ eine Spezialität aus seiner Heimat ____________. Ich mache koreanischen Sushi! (*vorschlagen, zubereiten*)
2. Ich kann nicht kochen, aber ich ____________ türkische Pizza ____________. (*bestellen*)
3. Und wer ____________ die Getränke ____________? (*besorgen*)
4. Ich ____________ mit Boris ____________. Wir ____________ fünf Flaschen Orangensaft und eine Kiste Bionade ____________. (*einkaufen, mitbringen*)
5. Aber die Flaschen könnt ihr nicht zu zweit tragen, sie sind schwer! Soll ich ____________? (*mitkommen*)
6. Danke, das ist nicht nötig. Indira nimmt den Wagen ihrer Schwester und ____________ uns vom Supermarkt ____________. (*abholen*)

7. Wer __________ denn einen CD-Player oder eine Stereoanlage __________?
(*mitbringen*)

8. Ich kann meinen CD-Player ________________, aber ich habe wenige CDs.
(*mitnehmen*)

9. Dann _____________ ich ein paar CDs ______________ und ___________ sie ________________.
(*aussuchen, mitbringen*)

5. Stellen Sie Fragen.

1. das Handy ausmachen → *Machst du das Handy aus?*
2. den Mantel aufhängen → *Hängst du …*
3. das Fenster zumachen →
4. den Koffer auspacken →
5. die Kinokarten besorgen →
6. morgen anrufen →
7. die Rechnung bezahlen →
8. Jörg abholen →
9. das Fahrrad abstellen →
10. einen Tee bestellen →
11. das Licht ausschalten →
12. mich verstehen →
13. oft Radio hören →
14. früh schlafen gehen →

19 Modalverben im Präsens

ich *möchte*, ich *will*, ich *kann* …

I Funktionen

Ich möchte gern ein Vanilleeis haben.

Mama, ich will Eis essen!

Ich *möchte* gern …	• Was möchten Sie essen? ○ Ich möchte gern einen Salat.	WUNSCH, HÖFLICHE BITTE/FRAGE
Ich *will* jetzt aber …!	• Du spielst immer noch! Es ist schon spät! ○ Ich will aber nicht schlafen gehen! Ich will noch spielen!	WUNSCH
Wollen wir?	• Wollen wir noch einen Kaffee trinken? ○ Gute Idee!	VORSCHLAG
Ich *will*/ich *möchte* nächsten Sommer …	• Was machst du nächsten Sommer? ○ Ich fahre nach Frankreich. Ich will/möchte einen Französischkurs machen.	PLAN

Er kann nicht schwimmen.

Er kann schwimmen.

Ich *kann* …	● Gehen wir schwimmen? ○ Tut mir leid, ich kann nicht schwimmen.	WISSEN, FÄHIGKEIT
Ich *kann* heute nicht …	Ich kann nicht mit dem Fahrrad kommen, es ist kaputt. Er kann heute nicht in die Disko gehen, er schreibt morgen einen Test.	MÖGLICHKEIT
Können Sie bitte …?	Können Sie mir helfen?	HÖFLICHE BITTE, FRAGE

II Formen

	möcht-*	**wollen**	**können**
ich	möchte	will	kann
du	möchtest	willst	kannst
er / sie / es	möchte	will	kann
wir	möchten	wollen	können
ihr	möchtet	wollt	könnt
sie / Sie	möchten	wollen	können

* keine Infinitivform

III Verbklammer

Er	möchte	einen Kaffee	trinken.
Was	möchten	Sie	essen?
	Wollen	wir ins Kino	gehen?

Übungen

1. *Ich kann, ich möchte* oder *ich will?*

1. Ich ______________ einen Kaffee und ein Glas Mineralwasser.
2. Ich ______________ nicht ins Theater gehen, ich bin krank!
3. Mach doch endlich das Licht aus, ich ______________ schlafen!
4. Mach bitte das Licht aus, ich ______________ sonst nicht schlafen.
5. Im Sommer ______________ ich eine neue Wohnung suchen.
6. Ich ______________ Englisch und Spanisch. – Und ich ______________ nur Französisch, aber ich ______________ nächstes Jahr einen Spanischkurs machen.

2. Ergänzen Sie die Dialoge.

a) *ich möchte, du möchtest …*
- ● Guten Tag, ich __________ ein Kilo Tomaten.
- ○ Bitte sehr. ______________ Sie sonst noch etwas?

b) *ich will, du willst …*
- ● ________________ wir heute ins Kino gehen?
- ○ Nein, ich _____________ heute Abend zu Hause bleiben und Fußball gucken.

c) *ich kann, du kannst …*
- ● _____________ ihr viele Fremdsprachen sprechen?
- ○ Theo ____________ fünf Sprachen sprechen. Aber Inge und ich – wir ___________ nur Englisch.

3. Ergänzen Sie die Dialoge.

- ● Ich ________________ dich heute nicht besuchen, ich habe keine Zeit.
- ○ ________________ du denn morgen kommen?
- ● Tut mir leid, da __________ ich auch nicht. Ich arbeite morgen den ganzen Tag.

- ● ________________ ihr heute in die Disko gehen?
- ○ Nein, wir ___________ lieber zu Hause bleiben. Petra ist krank, sie ___________ heute nicht ausgehen. Und ich ______________ ein paar E-Mails schreiben.

- ● Ralf und Silke ________________ am Samstag mit uns Tennis spielen.
- ○ ________________ sie denn gut Tennis spielen?
- ● Silke _______________ sehr gut spielen. Ralf ist Anfänger, aber er spielt sehr gern und er _______________ im Sommer ein paar Privatstunden nehmen.

4. „Ein Bier!“ → „Ich möchte ein Bier.“ Sagen Sie es höflicher!

1. Wir wollen bezahlen! →
2. Einen Tee! →
3. Ich will mit Herrn Meyer sprechen. →

5. Bilden Sie Sätze.

1. wir – ins Kino – wollen – gehen → *Wir wollen ins Kino gehen.*
2. Fußball – ich – möchte – spielen – nicht →
3. ihr – nach Hause – wollt – gehen? →

6. Sagen Sie es mit Modalverb!

1. Ich hätte gern drei Brötchen. → *Ich* ***möchte*** *drei Brötchen.*
2. Gehen wir spazieren? →
3. Was trinkst du? →
4. Hilfst du mir? →

20 Modalverben im Präsens

ich *muss*, ich *darf*, ich *soll* …

I Funktionen

Tut mir leid, aber Sie dürfen hier nicht rauchen!

Der Kellner sagt ihm, er *soll* hier nicht rauchen.

Hier *darf* man nicht …	In diesem Restaurant darf man nicht rauchen.	VERBOT 
	Mama, darf ich spielen gehen?	ERLAUBNIS
Der Arzt sagt, ich *soll* …	Der Arzt sagt, ich soll weniger rauchen.	WUNSCH/AUFTRAG VON ANDEREN
	Die Lehrerin sagt, wir sollen die Aufgabe 8 machen.	↓ (ARZT, LEHRERIN …)
	Was machst du? Ich repariere mein Fahrrad. Soll ich dir helfen?	VORSCHLAG
Ich *muss* …	Es regnet, wir müssen die Wäsche ins Haus bringen.	NOTWENDIGKEIT
	Der kleine Tim muss jeden Tag sein Zimmer aufräumen.	PFLICHT

II Formen

	müssen	**dürfen**	**sollen**
ich	muss	darf	soll
du	musst	darfst	sollst
er / sie / es	muss	darf	soll
wir	müssen	dürfen	sollen
ihr	müsst	dürft	sollt
sie / Sie	müssen	dürfen	sollen

III Verbklammer

Man	darf	hier nicht	parken.
Warum	dürfen	wir hier nicht	tanzen?
	Soll	ich Ihnen	helfen?

Übungen

1. *Ich muss, ich darf* oder *ich soll*?

1. Ich gehe heute nicht arbeiten. Der Arzt sagt, ich __________ im Bett bleiben.
2. Gehen wir spazieren? – Vielleicht später! Ich ______________ zuerst meine Hausaufgaben machen.
3. Dieser Koffer ist so schwer! – _____________ ich dir helfen?
4. Ich ____________ den Wagen nicht hier lassen, hier ist das Parken verboten.

2. *Ich muss, du musst ...*

1. ● Guten Tag. Ist Herr Hoffmann schon da?
   ○ Tut mir leid, Sie _____________ noch eine Stunde warten. Er kommt erst um 11 Uhr.
2. ● Dein Fuß sieht ja schlimm aus! Du ____________ sofort zum Arzt gehen!
   ○ Das geht nicht, ich ____________ zu Hause bleiben. Mein Vater hat keinen Schlüssel.
3. ● Kommt ihr mit ins Restaurant oder ________________ ihr noch arbeiten?
   ○ Wir wissen es noch nicht, wir ________________ den Chef fragen.

3. *Ich soll, du sollst ...* „Ich habe nicht verstanden!"

1. Lehrerin:	*Bob, Indira, nicht so laut, bitte!*	Bob: *Was hat die Lehrerin gesagt?* Pia: *Sie hat gesagt, ihr ___________ nicht so laut sprechen.*
2. Busfahrer:	*Fahrkarten, bitte!*	Bob: *Ich verstehe nicht, was ___________ ich tun?* Pia: *Du __________ deine Fahrkarte zeigen.*
3. Herr Müller:	*Warten Sie noch einen Moment!*	Bob: *Was hat er gesagt?* Pia: *Er sagt, wir ___________ noch warten.*

4. ***Ich darf, du darfst ...***

1. Kinder, bitte leiser! Im Theater ______________ ihr nicht so laut sprechen!
2. ________________ wir mit der Popcorn-Tüte hineingehen? – Tut mir leid, im Konzertsaal ________________ man nicht essen.
3. Bitte machen Sie Ihr Handy aus! Hier ____________ Sie nicht telefonieren.

5. Ergänzen Sie die Dialoge (*müssen, dürfen, sollen*).

1. ● Entschuldigung, ____________ ich hier rauchen?
   ○ Tut mir leid, hier ist das Rauchen verboten.
2. Gehst du nicht zur Arbeit? – Heute ist Samstag, ich ____________ nicht arbeiten.
3. ● Nicole hat gesagt, du __________ sie um zehn Uhr vom Bahnhof abholen.
   ○ Aber ich ____________ um zehn Uhr an der Fakultät sein, wir haben eine Sitzung!
4. ● Das Thermometer zeigt 2 Grad Celsius, wir _______ uns warm anziehen!
   ○ ____________ ich dir deine Jacke bringen?

6. Bilden Sie Sätze.

1. du/nicht/hier/laut/sprechen/darfst
   Du darfst hier ... ____
2. wann/anrufen/ihn/ich/soll
   ____?
3. eintreten/jetzt/ich/darf
   ____?

7. Sagen Sie es mit Modalverb!

1. Mutter: „Kauf bitte Milch und Eier!"
   Die Mutter sagt, ich __________ *Milch und Eier kaufen.*
2. Ingo: „Gehe zum Zahnarzt!" ________________________________
3. NICHT SINGEN! *Man* ____________________ *hier nicht singen.*
4. ESSEN UND TRINKEN VERBOTEN! ______________________________
5. LEISE SPRECHEN! ________________________________
6. Angestellte: „Unterschreiben Sie hier!" ____________________________
7. NICHT STÖREN! ________________________________

Wiederholung IV: Modalverben im Präsens

1. Was *kann* man hier machen? Was *darf* man nicht machen? Was *muss* man machen?

FOTOAUSSTELLUNG	RESTAURANT	KINO
Hier ________ man viele interessante Fotos sehen. Man ________ keine Fotos kaufen. Man ________ leise sein und man ________ nicht telefonieren.	Hier ________ man essen und trinken. Man ________ aber bezahlen! Hunde ________ draußen bleiben und man ________ nicht rauchen.	Hier ________ man Filme sehen. Man ________ aber leise sein, man ________ nicht laut sprechen oder singen. Und man ________ das Handy ausmachen.

2. Ergänzen Sie die E-Mails (*können, müssen, sollen, möcht-*).

Liebe Anna,

wie geht es dir? ________ du immer noch so viel lernen, oder hast du jetzt mehr Freizeit?

Ich bin schon seit zwei Monaten in Köln, bei meiner Tante. Ich besuche hier einen Deutschkurs. Ich ________ schon gut sprechen, aber ich ________ noch viele Vokabeln lernen. Meine Lehrerin sagt, wir ________ viel lesen und oft wiederholen. Nach dem Kurs gehe ich oft in die Stadt, denn ich ________ viele Leute kennenlernen und viel Deutsch sprechen.

Ich glaube, du hast bald Urlaub, oder? ________ du mich in Köln besuchen? Ich würde mich sehr freuen!

Viele Grüße und bis bald!

Deine Sandra

Liebe Eva, lieber Christoph,

wie geht es euch? Ich freue mich, dass ihr schon in das neue Haus eingezogen seid. Bei diesem Wetter ________ ihr bestimmt lange in eurem schönen Garten sitzen!

Ich habe ein Problem und hoffe, dass ihr mir helfen ________. Am Dienstag um 14 Uhr ________ ich meine Großmutter vom Flughafen abholen: Sie kommt mich besuchen und ________ eine Woche bei mir bleiben. Am Dienstag ________ ich aber den ganzen Tag in der Firma bleiben. Wir haben eine Sitzung und mein Chef sagt, alle ________ da sein.

________ ihr vielleicht meine Großmutter abholen? Das wäre wirklich sehr nett von euch!

Schöne Grüße

Matthias

3. Ergänzen Sie die Dialoge.

1. ● Guten Tag, ich__________ mit Herrn Roth sprechen.
   ○ Ich bedauere, Herr Roth ist im Augenblick nicht da. __________ ich ihm etwas ausrichten?
2. ● Ich __________ nicht mehr Tee trinken, ich hasse Tee!
   ○ Aber der Arzt hat doch gesagt, du __________ viel trinken.
3. ● __________ ich das Formular hier abgeben?
   ○ Ja, aber zuerst __________ Sie hier unterschreiben.
4. ● __________ ich fernsehen?
   ○ Nein, du __________ jetzt schlafen gehen, es ist schon spät!
5. ● __________ wir heute Nachmittag schwimmen gehen?
   ○ Tut mir leid, heute __________ ich nicht. Ich __________ die Wohnung aufräumen, am Abend kommen meine Eltern zurück.
6. ● Stefan und Elke __________ wirklich sehr gut tanzen, nicht wahr?
   ○ Na ja ... ich weiß nicht. Wenn sie tanzen, __________ man alles wegräumen: Tische, Teller, Flaschen, Gläser ... Sonst machen sie alles kaputt!

4. Ergänzen Sie den Dialog.

können – sollen – wollen wir – ich möchte – ich kann
ich muss – kann ich – muss ich – soll ich

1. ● __________ morgen zusammen in die Stadt gehen? Du arbeitest morgen nicht, stimmt's?
   ○ Ja, das stimmt, morgen __________ nicht ins Büro gehen. Wir __________ zusammen einkaufen!
2. ● Gute Idee! Inge hat nächste Woche Geburtstag und __________ ein Geschenk für sie kaufen. __________ wir uns um neun Uhr sehen?
   ○ Nein, um neun Uhr __________ nicht, __________ meine Tochter zum Sport bringen. Vielleicht später, so gegen elf Uhr?
3. ● Elf Uhr passt mir gut! Kommst du zu mir oder __________ dich abholen?
   ○ __________ auch zu dir kommen!
   ● Gut, dann sehen wir uns um 11 Uhr bei mir.

21 Imperativ

***Komm* doch *mit*! *Nehmen Sie* bitte Platz!**

Komm doch mit, Philip!
Lass uns zusammen Fußball spielen!

I Formen

informell	(du)	*Komm* zu mir!	*Geh* bitte nicht!	*Trink* etwas!
	(ihr)	*Kommt* zu mir!	*Geht* bitte nicht!	*Trinkt* etwas!
formell	(Sie)	*Kommen Sie* zu mir!	*Gehen Sie* bitte nicht!	*Trinken Sie* etwas!

wir

Philip, spielen wir zusammen Fußball!
ODER:
Philip, lass uns zusammen Fußball spielen!
↓
1. Person

Philip, lass uns …

Liebe Freunde, singen wir ein Lied!
ODER:
Liebe Freunde, lasst uns ein Lied singen!
↓
mehrere Personen

Liebe Freunde, lasst uns …

II Besonderheiten

Gib mir das Buch! — Verben mit Vokalwechsel

e → i	ich *gebe*, du *g**i**bst* ich *helfe*, du *h**i**lfst* …	*Gib* mir das Buch! *Hilf* mir bitte!
e → ie	ich *lese*, du *l**ie**st* ich *sehe*, du *s**ie**hst* …	*Lies* das bitte! *Sieh* mal das!

ABER:	(**a → ä**)	ich *schlage*, du *schl**ä**gst* …	*Schlag* ihn nicht! *Lass* das!
	(**o → ö**)	ich *stoße*, du *st**ö**ßt* …	*Stoß* mich nicht!
	(**au → äu**)	ich *laufe*, du *l**äu**fst* …	*Lauf* schneller!

Öffne das Fenster! — Verbstamm endet auf *-t, -d, -m, -n*

(*hal**t**en, fin**d**en, at**m**en, öff**n**en*)
Halte! Finde! Atme! Öffne!
Haltet! Findet! Atmet! Öffnet!

Entschuldige bitte! — Verbstamm endet auf *-el, -er, -ig*

(*kling**el**n, erinn**er**n, entschuld**ig**en*)
Klingle! Erinn(e)re dich! Entschuldige bitte!

Sei brav! Hab Geduld! — *sein* und *haben*

Ingo, *sei* brav! *Sei* ruhig!	*Hab* Geduld!	(Sg./*du*)
Kinder, *seid* bitte still!	*Habt* keine Angst!	(Pl./*ihr*)
Seien Sie bitte vorsichtig!	*Haben* Sie bitte noch etwas Geduld!	(Höflichkeitsform/*Sie*)

III Verbklammer

Trennbare Verben:	Kommen Sie bitte mit!	/ Bitte kommen Sie mit!
	Steht sofort auf!	/ Bitte steht sofort auf!
Reflexivverben:	Beruhigt *euch*!	/ Bitte beruhigt *euch*!
	Setz *dich* bitte!	/ Bitte setz *dich*!
	Ziehen Sie *sich* wieder an!	/ Bitte ziehen Sie *sich* wieder an!

1. Wie kann man es anders sagen? Bilden Sie Paare.

1. Warum fahrt ihr nicht vorsichtiger?
2. Trinken wir noch einen Tee, Schatz!
3. Du solltest vorsichtiger fahren!
4. Warum trinkt ihr nicht noch einen Tee?
5. Du könntest noch einen Tee trinken!
6. Würden Sie bitte vorsichtiger fahren?

a) Lass uns noch einen Tee trinken!
b) Fahrt doch vorsichtiger!
c) Trink doch noch einen Tee!
d) Fahren Sie bitte vorsichtiger!
e) Fahr doch bitte vorsichtiger!
f) Trinkt doch noch einen Tee!

2. „Per du“ oder „per Sie“?

1. IN DER ARZTPRAXIS *Öffnen Sie* bitte den Mund. (*öffnen*)
2. IN DER DISKO Karsten, Trink noch ein Bier mit mir! (*trinken*)
3. IM RATHAUS Zeigen Sie mir bitte Ihren Pass. (*zeigen*)
4. ZU HAUSE Rauch bitte nicht im Bad, Schatz! (*rauchen*)
5. IM SUPERMARKT Bitte Geben Sie mir noch eine Tüte. (*geben*)
6. ZU HAUSE Kinder, Kommt in die Küche, das Essen ist fertig! (*kommen*)

3. Mit wem spricht Ingo?

	mit einem Freund	mit zwei Freunden
1. Seid nicht so laut!		X
2. Lasst uns Volleyball spielen!		X
3. Sei bitte vorsichtig!	X	
4. Kommt doch mit!		X
5. Lass uns morgen telefonieren!	X	
6. Atme tief ein!	X	
7. Gib mir meine Brille zurück!	X	
8. Lasst uns essen gehen!		X
9. Bitte gebt mir noch fünf Minuten Zeit!		X
10. Hilf mir bitte!	X	

Lisa, öffne bitte die Tür

Kinder, öffnet bitte die Tür

4. Ergänzen Sie die Tabelle

	Lisa, … !	Herr Meyer, … !	Kinder, … !
die Tür öffnen	die Tür öffne	die Tür öffnen Sie bitte	die Tür bitte öffnet
warten	warte bitte	…, *warten Sie bitte*!	~~Seid bitte wartet~~ wartet bitte
hier bleiben	…, *bleib bitte hier*!	Bleiben Sie bitte hier!	Bleibt bitte hier!
ruhig sein	Sei bitte ruhig	Seien Sie bitte ruhig	…, *seid bitte ruhig*!

5. Ergänzen Sie die Sätze.

1. (*anrufen*) Bitte Rufen Sie mich morgen an, Frau Groß.
2. (*aufstehen*) Anja, Alex, steht endlich auf!
3. (*Platz nehmen*) Guten Tag, Herr Rieger! Nehmen Sie bitte platz!
4. (*sich ausruhen*) Ruh *dich* doch aus; du wirkst so müde!
5. (*sich anziehen*) Zieh *dich* warm an, Tobias, es ist kalt im Haus.

6. Ihr Freund ist krank. Was sagen Sie ihm?

nicht rauchen
~~im Bett bleiben und Bücher lesen~~
zum Arzt gehen
viel Obst essen
nicht arbeiten
eine Tablette nehmen
viel schlafen
nicht so viel sprechen
viel Tee trinken
geduldig sein
nicht ausgehen

Bleib im Bett und Lies *Bücher!*

Geh zum Arzt
Schlaf viel!
Nimm eine Tablette!
Sei geduldig!
Sprich nicht so viel
Geh nicht aus
iss viel Obst
Arbeite nicht!
Rauch nicht!

22 Perfekt

Wir *haben* die Gläser *gespült*.
Er *ist* nach Kiel *gefahren*.

- Könnt ihr bitte die Gläser spülen?
- Wir haben sie schon heute Morgen gespült. → VERGANGENHEIT

I Ich *habe gelernt*. Du *hast gegessen*. Regelmäßig oder unregelmäßig?

REGELMÄSSIG: *lernen* → ***gelernt***		UNREGELMÄSSIG: *essen* → ***gegessen*** *trinken* → ***getrunken***	
Ich *habe* heute viel *gelernt*.	(*lernen*)	Ich *habe* noch nichts *getrunken*.	(*trinken*)
Hast du die Gläser *gespült*?	(*spülen*)	Du *hast* heute viel *gegessen*!	(*essen*)
Jörg *hat* seine Brille *gesucht*.	(*suchen*)	Bertha *hat* den Zug *genommen*.	(*nehmen*)
Wir *haben* schon *gezahlt*.	(*zahlen*)	Wir *haben* einen Parkplatz *gefunden*.	(*finden*)
Wo *habt* ihr Urlaub *gemacht*?	(*machen*)	*Habt* ihr den Film *gesehen*?	(*sehen*)
Sie *haben* ein Auto *gekauft*.	(*kaufen*)	*Haben* Sie den Brief *geschrieben*?	(*schreiben*)

↓

Das Partizip Perfekt der unregelmäßigen Verben muss man **lernen**! → Liste, S. 156

II *Ich habe eingekauft. Du hast alles verkauft.* Trennbar oder untrennbar?

TRENNBAR: ***ein**kaufen* → ***ein**gekauft*	UNTRENNBAR: ***ver**kaufen* → ***ver**kauft* ~~ge~~
Ich habe schon *eingekauft*.	Du hast ja alles *verkauft*!
Hast du das Fahrrad *abgestellt*?	Ich habe eine Pizza *bestellt*.
Ist er schon *angekommen*?	Die Katze ist uns wieder *entkommen*!

III *Ich habe organisiert/probiert/studiert/telefoniert ...* Verben auf *-ieren*

- Wir haben einen Ausflug *organisiert*, wir fahren mit den Fahrrädern in die Berge.
- Ich kann leider nicht mitkommen; ich habe mein Fahrrad noch nicht *repariert*.

organisieren → *organisiert*
probieren → *probiert*
reparieren → *repariert*
} ohne „ge"!

IV Er *hat gearbeitet/geöffnet ...* — Verbstamm endet auf *-t, -d, -m -n*:

(arbei**t**en)	Sie hat gearbeitet.
(grün**d**en)	Er hat eine Firma gegründet.
(at**m**en)	Der Kranke hat schwer geatmet.
(öff**n**en)	Hast du das Fenster geöffnet?

V Er *hat* ein Auto gekauft und *ist* nach Kiel gefahren. *Haben* oder *sein*?

- **Die meisten Verben bilden das Perfekt mit „haben".**
- **Perfekt mit „sein":**

a) *Er ist gegangen/gefahren/geflogen ...* — Bewegung/Veränderung des Ortes

	Ort A	→	Ort B
• Guten Tag, ist Herr Schrader noch im Büro?			
○ Tut mir leid, er ist schon nach Hause gegangen.	Büro	→	Wohnung
• Dann würde ich gern mit Frau Kohl sprechen.			
○ Sie ist letzte Woche nach Portugal gefahren.	Deutschland	→	Portugal

b) *Er ist/aufgewacht/eingeschlafen/gewachsen ...* — Veränderung des Zustandes

	Zustand A	→	Zustand B
• Dein Sohn ist so groß geworden!			
○ Ja, er ist im letzten Jahr viel gewachsen.	klein	→	groß
• Wann bist du heute aufgewacht?	schlafen	→	wach sein
○ Erst um elf. Ich bin gestern spät eingeschlafen.	wach sein	→	schlafen

c) *Was ist denn passiert?* — Verben *sein, bleiben, passieren*

- • Was ist denn passiert!
- ○ Mark ist weg! Ich bin schon in der Schule gewesen, aber sie haben ihn nicht gesehen.
- • Keine Sorge, er hat mich gerade angerufen: Heute morgen hatte er Kopfschmerzen und deshalb ist er zu Hause geblieben.

VI Verbklammer

Sie	ist	nach Hause	gegangen.
Lothar	hat	eine Pizza	gegessen.
Wann	ist	sie nach Hause	gegangen?
Was	hat	Lothar	gegessen?
	Ist	sie nach Hause	gegangen?
	Hat	Lothar eine Pizza	gegessen?

Übungen

1. Bilden Sie Gruppen.

~~hören~~ – ~~zumachen~~ – ~~operieren~~ – wegstellen – warten – kontrollieren – suchen aufmachen – telefonieren – einkaufen – kommunizieren – weinen – studieren abholen – umtauschen – passieren – ausschalten – kopieren – absagen – stellen

hören → *ge*hört	*zu*machen → zu*ge*macht	operieren → oper*iert*

2. Schreiben Sie das Partizip oder den Infinitiv.

1.	essen	*gegessen*	11. abfliegen	___________
2.	schreiben	___________	12. ___________	eingeschlafen
3.	vergessen	___________	13. verschlafen	___________
4.	arbeiten	___________	14. ___________	gefunden
5.	___________	gesungen	15. werden	___________
6.	___________	abgeschrieben	16. ___________	geblieben
7.	gehen	___________	17. trinken	___________
8.	___________	weggefahren	18. ___________	ausgetrunken
9.	fahren	___________	19. besuchen	___________
10.	___________	geflogen	20. ___________	probiert

3. Ergänzen Sie die Dialoge.

1. (*vergessen, kaufen*)
   - ● Ihr ______________ wieder Brigittes Geburtstag ______________!
   - ○ Das stimmt nicht, wir ___________ sogar ein Geschenk für sie _________.
2. (*antworten, sagen, hören*)
   - ● Warum ______________ du mir nicht ____________________?
   - ○ _________ du etwas _________? Ich ___________ dich nicht __________.
3. (*frühstücken, aufstehen*)
   - ● ______________ die Kinder schon ______________________?
   - ○ Nein, sie ______________ noch gar nicht ____________________!
4. (*sein, lernen, spazieren gehen*)
   - ● Wo ______________ du den ganzen Tag ______________?
   - ○ Ich _____________ in der Bibliothek _____________ und _____________ danach im Stadtzentrum ______________________________.
5. (*fahren, bleiben, sein*)
   - ● ______________ Sie gestern zum Stadtgarten ______________?
   - ○ Nein, wir ____ zu Hause __________. Unser Sohn ___ krank _________.
6. (*umziehen, finden*)
   - ● Paul ___________ letzte Woche __________________.
   - ○ Ich weiß, er _________ eine schöne Wohnung im Zentrum ____________.

4. Formen Sie die Sätze ins Perfekt um.

1. Ich sehe dich nicht. → *Ich habe dich nicht gesehen.*
2. Die ganze Familie fliegt nach Spanien. →
3. Wir sprechen nicht viel. →
4. Wir laden Simon und Martin ein. →
5. Er räumt auf und putzt die Fenster. →
6. Was passiert hier? →
7. Schließen Sie die Tür ab? →
8. Wie lange bleibt ihr zu Hause? →

5. *Hast du schon ...?* Stellen Sie Fragen.

1. (die Wäsche waschen) → *Hast du schon die Wäsche gewaschen?*
2. (das Fahrrad reparieren) →
3. (die Kinder abholen) →
4. (die Postkarten abschicken) →
5. (die Blumen gießen) →

6. Was haben Sie gestern gemacht? Schreiben Sie sechs Sätze.

Wann sind Sie aufgestanden? *Gestern bin ich um _____ Uhr ...*

Was haben Sie zum Frühstück gegessen, was haben Sie getrunken? ____________________

Haben Sie gearbeitet? Haben Sie gelernt oder Freunde besucht? ____________________

Was haben Sie am Abend gemacht? ____________________

Wann sind Sie schlafen gegangen? ____________________

23 Präteritum und Plusquamperfekt

Er *kaufte* ein Heft. Seine Frau *hatte* ihn darum *gebeten*.

I Präteritum: Funktionen

Früher war alles anders.

Der Großvater erzählt: *Früher war alles anders. Wir besuchten oft unsere Großeltern, wir gingen oft im Wald spazieren und wir trieben viel Sport: Ich spielte gern Fußball, mein Bruder ging jeden Tag schwimmen. Wir sahen nie fern! Und heute sitzen die Kinder nur noch am Computer!*
Wir kauften uns früher wenige Sachen: Nur das, was wir wirklich brauchten. Wir hatten auch nicht so viel Geld!

Draußen war es dunkel und es regnete.

Es war Abend. Die Familie saß im Auto und fuhr nach Marburg. Draußen war es schon dunkel und es regnete stark. Da sagte der Vater:
„Gott, wir *haben* unseren Hund *vergessen*!"
„Oh, nein, wir *haben* ihn allein zu Hause *gelassen*! Was machen wir jetzt?", sagte die Mutter. Die kleine Marie wachte plötzlich auf und fragte: „Wo ist denn Bello?"

Funktionen des Präteritums

- über die Vergangenheit erzählen (z.B. in Geschichten: *Es war einmal ein König …*)
- Situationen/Menschen beschreiben (*Draußen war es dunkel und es regnete …*)

Welche Formen gebraucht man oft beim Sprechen?

- Verben *sein* und *haben* im Präteritum (*ich war, ich hatte …*)
- einige sehr häufige Verben (*ich wusste, ich ging, es gab …*)

Bei anderen Verben benutzt man meistens das Perfekt.

II Präteritum: Formen

Ich spielte gern Fußball. Wir kauften wenige Sachen. ↓	Früher ***war*** alles anders. Wir ***gingen*** oft im Wald spazieren. ↓
regelmäßig: *ich kaufte, du kauftest …*	**unregelmäßig: *ich war, du warst …***
ich *kauf**te***	ich *war*
du *kauf**test***	du *war**st***
er/sie/es *kauf**te***	er/sie/es *war*
wir *kauf**ten***	wir *war**en***
ihr *kauf**tet***	ihr *war**t***
sie *kauf**ten***	sie *war**en***

↓

Unregelmäßige Formen muss man lernen!
sein → ich *war*   *fahren* → ich *fuhr*
haben → ich *hatte*   *gehen* → ich *ging* … (→ Liste, S. 156)

*arbei**t**en*	ich *arbei**t**ete*, sie *arbei**t**eten*
*lan**d**en*	ich *lan**d**ete*, er *lan**d**ete*
*at**m**en*	ich *at**m**ete*, sie *at**m**ete*
*öff**n**en*	ich *öff**n**ete*, wir *öff**n**eten*

Trennbare Verben

fernsehen:	Wir *sahen* früher nie *fern*!
aufwachen:	Marie *wachte* plötzlich *auf*.

III Präteritum und Plusquamperfekt

Sie *öffnete* die Tür und *sah* viele Leute in der Wohnung.
Ihre Kinder *hatten* zu Hause eine Party *organisiert*.

Er *kaufte* auch ein kleines blaues Heft.
Seine Frau *hatte* ihn darum *gebeten*.

Nachdem er in Berlin *angekommen war*,
nahm er ein Taxi und *fuhr* ins Hotel.

→ früher (zuerst) passiert → PLUSQUAMPERFEKT

(„nachdem“ → Kap. 37)

Plusquamperfekt: Formen

ich hatte	organisiert	ich war	angekommen
du hattest		du warst	
er hatte		er war	
wir hatten		wir waren	
ihr hattet		ihr wart	
sie hatten		sie waren	

1. Wie lautet das Verb im Präsens/im Präteritum?

1. wir machen — *wir machten*
2. __________ — sie aßen
3. __________ — er arbeitete
4. __________ — sie tranken
5. ich brauche — __________
6. __________ — sie sprachen
7. es gibt — __________
8. __________ — er fuhr
9. __________ — er zog sich an
10. es regnet — __________
11. wir sind — __________
12. __________ — er räumte auf
13. __________ — sie saßen
14. __________ — er las
15. __________ — sie schrieb
16. ich habe — __________
17 er antwortet — __________
18. __________ — sie gingen
19. __________ — er hielt an
20. ich kaufe — __________
21. er verspricht — __________
22. __________ — wir ließen
23. __________ — ich lag
24. __________ — er schlief ein
25. __________ — sie nahmen
26. __________ — er stieg aus
27. er setzt sich — __________
28. __________ — es flog weg
29. __________ — wir trugen
30. __________ — sie ging hinein

2. *Meine Kindheit.* Schreiben Sie 8 bis 10 Sätze.

Wo lebten Sie?	*Als ich ein Kind war, lebte ich in …*
Was machten Ihre Eltern?	*Meine Mutter …*
Wo arbeiteten sie?	__________
Wo waren Ihre Großeltern?	__________
Was machten Sie gern als Kind?	__________
Wo spielten Sie am liebsten?	__________
Was machten Ihre Geschwister?	__________
Wie hießen Ihre besten Freunde?	__________
Was machten Sie zusammen?	__________
Hatten Sie ein Haustier?	__________

3. Ergänzen Sie die Sätze mit Verben im Präteritum und Plusquamperfekt.

1. Er _kam_ (*kommen*) aus der Kneipe und ___________ (*sehen*) sein Fahrrad: Das Lenkrad _________ (*sein*) verbogen und auch der hintere Reifen _________ (*sein*) kaputt. Ein Auto ____________ es wahrscheinlich beim Parken ____________ (*beschädigen*, Plusquamperfekt).
2. Paul ________ die Tür ______ (*aufmachen*), ________ in die Wohnung ______ (*eintreten*) und _________ (*sehen*) seine Eltern im Wohnzimmer. Sie __________ schon vor einigen Stunden __________________ (*ankommen*, Plusquamperfekt).
3. Die Kinder __________ (*liegen*) im Bett. Der Großvater ____________ (*sitzen*) in seinem Sessel und _________ (*erzählen*) ihnen eine Geschichte. Er __________ sie vor Jahren von seiner Großmutter __________ (*hören*, Plusquamperfekt). Er ____________ (*sprechen*) sehr langsam, denn er ____________ (*wissen*) nicht mehr, wie die Geschichte ____________ (*enden*). Und zum Glück __________ die Kinder schon in der Mitte der Geschichte ____________ (*einschlafen*). „Heute ist es gut gelaufen", ____________ (*denken*) er, „aber bis morgen muss ich das Ende der Geschichte erfinden!"
4. Sie ____________ (*klingeln*) an der Tür. Ein rothaariges Mädchen ____________ (*öffnen*) ihnen die Tür und ____________ (*grüßen*) sie sehr höflich. Sie _________ (*sein*) überrascht, denn sie ___________ es noch nie früher ___________ (*sehen*, Plusquamperfekt). Sie _____________ (*fragen*) nach Herrn Sommerfeld, doch das Mädchen ____________ (*sagen*) ihnen, dass er nicht mehr in dieser Wohnung _____________ (*wohnen*): Er _____________ vor einem Monat ______________ (*umziehen*, Plusquamperfekt).

4. Beenden Sie die Geschichte!

Sie können folgende Verben benutzen (Präteritum!): *suchen, sehen, sagen, fragen, antworten, nehmen, finden, geben, essen, trinken, weggehen, weglaufen, sein, haben, ...*

Es war einmal ein kleiner Junge, der immer Hunger hatte. Eines Tages ging er durch den Wald und ...

____

____

____

____

24 Modalverben im Präteritum

Ich *konnte* gestern nicht ausgehen. Ich *musste* für die Prüfung lernen.

- Gestern haben wir den ganzen Abend getanzt! Schade, dass du nicht dabei warst!
- Ich *konnte* gestern nicht ausgehen. Ich *musste* für die Prüfung lernen.

I Funktionen

Ich *wollte* ...	Als ich klein war, *wollte* ich Lehrerin werden.	WUNSCH
	Ich *wollte* mich zum Englischkurs anmelden, aber es war zu spät: Der Kurs war schon voll.	PLAN
Ich *konnte* ...	Als er ein Kind war, *konnte* er nicht gut rechnen. Und heute arbeitet er als Mathematiklehrer!	WISSEN, FÄHIGKEIT
	Ich *konnte* dich nicht anrufen, ich hatte mein Handy zu Hause vergessen.	MÖGLICHKEIT
Wir *durften* nicht ...	Als ich zur Schule ging, *durften* wir im Klassenzimmer nicht essen und trinken.	VERBOT, ERLAUBNIS
Ich *musste* ...	Im Winter hat es viel geregnet und geschneit. Deshalb *mussten* wir wieder das Dach reparieren.	NOTWENDIGKEIT
	Früher *musste* er jeden Tag sein Zimmer aufräumen und bügeln.	PFLICHT
Du *solltest* ...	Du *solltest* die Aufgabe 8 zu Hause machen, hast du das vergessen?	WUNSCH/BEFEHL/ AUFTRAG VON ANDEREN

Beachten Sie!

Du *solltest* die Aufgabe 8 zu Hause machen, hast du vergessen? → Präteritum (Auftrag von anderen)

Du *solltest* mehr lernen, bald ist das Schuljahr zu Ende! → Konjunktiv II (Empfehlung, Rat → Kap. 27)

II Formen

	wollen	**können**	**dürfen**	**müssen**	**sollen**
ich	wollte	konnte	durfte	musste	sollte
du	wolltest	konntest	durftest	musstest	solltest
er / sie / es	wollte	konnte	durfte	musste	sollte
wir	wollten	konnten	durften	mussten	sollten
ihr	wolltet	konntet	durftet	musstet	solltet
sie / Sie	wollten	konnten	durften	mussten	sollten

Beachten Sie!

Ich *will* Englisch lernen.
Ich *möchte* Englisch lernen. → Präteritum: Ich *wollte* Englisch lernen.

III Verbklammer

Er	musste	viel	arbeiten.
Wir	konnten	gestern nicht	mitkommen.
Was	wolltest	du mir	sagen?
	Konntest	du ihn	erreichen?

Übungen

1. *Wollte, konnte, musste, durfte* oder *sollte*?

Igor erzählt: *Als ich vor 15 Jahren nach München kam, __________ ich noch kein Deutsch. Anfangs __________ ich auch keinen Sprachkurs machen, denn ich dachte: „Ich bleibe nur ein paar Monate hier und ich habe keine Lust, in dieser kurzen Zeit auch noch die Sprache zu lernen". Dann bekam ich ein sehr interessantes Angebot von meinem Cousin: Er __________ ein russisches Restaurant eröffnen und hat mir vorgeschlagen, mit ihm zusammenzuarbeiten. Ich fand die Idee toll und __________ sofort anfangen; doch dann wurde mir klar: Ich __________ mit den Menschen hier überhaupt nicht kommunizieren, denn ich verstand kein Wort Deutsch! Ich __________ also zuerst die Sprache lernen! Ich machte einen Intensivkurs und in sechs Monaten __________ ich schon sehr viel verstehen und ziemlich gut sprechen.*

Nach dem Kurs __________ ich sofort in einem Vollzeitjob arbeiten, aber in meinem Pass stand, dass ich nur 20 Stunden pro Woche arbeiten __________. Deswegen __________ ich zuerst eine neue Arbeitserlaubnis beantragen.

In den ersten Monaten ____________ wir sehr viel arbeiten: Mein Cousin kochte und kümmerte sich um die Rechnungen und die Bürokratie. Er sagte aber, dass er nicht so gern Auto fährt, und deshalb ____________ ich mich um die Einkäufe kümmern. Ein Jahr später habe ich auch Heike kennengelernt, und ich sagte ihr schon bei unserem zweiten Treffen, dass ich sie heiraten ____________. Heute haben wir drei Kinder: Sie sprechen alle perfekt Deutsch und Russisch, denn Heike ____________, dass sie von Anfang an beide Sprachen lernten.

2. Stellen Sie nun Fragen an Igor:

1. Konntest du Deutsch, als du nach München gekommen bist?
2. ______________ du vor 15 Jahren sofort Deutsch lernen?
3. Was für Pläne hattest du am Anfang? Wie lange ____________ du hier bleiben?
4. Warum ______________ du nicht sofort im Restaurant anfangen?
5. Wieso ______________ du am Anfang nicht in Vollzeit arbeiten?
6. Warum ______________ du Auto fahren und alle Einkäufe erledigen?
7. Was meinte deine Frau: Welche Sprache ____________ die Kinder zuerst lernen?

3. Ergänzen Sie die Sätze mit Modalverben im Präteritum.

1. ● Wo sind denn Sibylle und Otto? Sie ____________ auch mitkommen!
   ○ Ja, und ihr ____________ die beiden von zu Hause abholen, habt ihr das vergessen?
2. ● Früher ____________ man überall rauchen: im Zug, in allen Restaurants, am Bahnhof, im Büro und während der Arbeitssitzungen … Das waren gute Zeiten!
   ○ Ja, aber die Nichtraucher ____________ dadurch mitrauchen.
3. In diesem Land lebte ein sehr reicher König, der über alles entscheiden ____________. Den Menschen in seinem Land waren viele Sachen verboten. Sie ____________ nur Zeitungen lesen, die er selbst schrieb, und im Theater ____________ man nur die wenigen Stücke spielen, die er und seine Frau verstehen ____________. Außerdem ____________ man nur über Witze lachen, die der König erzählte – und es waren immer die gleichen. Der König und seine Frau glaubten, dass sie immer jung bleiben würden, wenn sie jeden Tag im Olivenöl badeten. Wegen der Kälte ____________ der König aber wenig Olivenöl im Land produzieren lassen, und deshalb schickte er seine Soldaten immer in andere Länder: Sie ____________ dort Oliven suchen. Ohne 30 Kilo Oliven ____________ kein Soldat wieder nach Hause kommen.

4. Sagen Sie es mit Modalverb!

1. Es war verboten, Wörterbücher zu benutzen.

   Man durfte keine Wörterbücher benutzen.

2. Wir hatten keine Möglichkeit, dir zu schreiben.

   ______________________________ dir nicht schreiben.

3. Er hatte den Wunsch, eine Weltreise zu machen.

   Er wollte ______________________________.

4. Früher war es erlaubt, hier zu parken.

   Früher ______________________________ man hier parken.

5. Das Kind war noch nicht fähig zu sprechen.

   Das Kind ______________ noch nicht ______________.

6. Die Firma hatte den Auftrag, unsere Büros zu renovieren.

   Die Firma ______________________________.

5. Bilden Sie Fragesätze.

1. nicht / schlafen / du / warum / konntest

   → *Warum ...*

2. die Rechnung / Sie / bezahlen / wollten

   →

3. du / arbeiten / musstest / gestern

   →

4. wolltet / machen / ihr / dort / was

   →

5. fahren / du / wohin / wolltest

   →

6. du / warum / durftest / mitkommen / nicht

   →

25 Futur

Sie *werden* nächsten Sommer *heiraten*!

- Wie geht es Sonja und Wolf? Ich habe lange nichts von ihnen gehört.
- ○ Sie werden nächsten Sommer heiraten. Sie erwarten ein Kind!

- Wir sind gerade an deinem Chef vorbeigegangen, hast du ihn nicht gesehen?
- ○ Wirklich? Ich habe ihn gar nicht gesehen! Jetzt wird er bestimmt denken, dass ich ihn nicht begrüßen wollte!

- Karl ist noch nicht da.
- ○ Er wird wohl noch im Stau stecken.

I *werden* + Infinitiv: Funktionen

Futur (Zukunft, Plan)

Sie *werden* nächsten Sommer *heiraten*.
Tanja *wird* uns morgen *besuchen*.

Pläne kann man auch mit Präsens ausdrücken:

Sie *heiraten* nächsten Sommer.
Tanja *besucht* uns morgen.

Andere Funktionen

Ich *werde* dich sofort *anrufen*, wenn ich etwas Neues erfahre!	≈ Ich verspreche, dass... Du kannst sicher sein, dass ...
Jetzt *wird* er bestimmt *denken*, dass ich ihn nicht begrüßen wollte!	≈ Ich bin sicher, dass ...
Er *wird* wohl noch im Stau *stecken*.	≈ Ich glaube/es ist möglich, dass ...
Du *wirst* sofort dein Zimmer *aufräumen*!	≈ Räume sofort dein Zimmer auf!

II Formen

ich *werde* du *wirst* er *wird*	} heiraten	wir *werden* ihr *werdet* sie *werden*	} heiraten

III Verbklammer

Wir	werden	dich morgen	anrufen.
Wann	wirst	du morgen	vorbeikommen?
	Werdet	ihr bald	heiraten?

1. Sagen Sie es anders!

1. Ich rufe dich um vier Uhr an.
   Ich werde dich um vier Uhr anrufen.
2. Nächsten Sommer fahren wir nach Sylt.
   Nächsten Sommer ____________ wir nach Sylt ____________.
3. Morgen um 9 Uhr beginnen sie mit der Arbeit.
   Morgen um 9 Uhr ____________ sie ____________.
4. Er besucht nächste Woche seine Eltern.
   Er ____________ nächste Woche ____________.
5. Morgen früh bringe ich das Buch mit.
   Morgen früh ____________ ich ____________.
6. Am Freitag hole ich die Kinder ab.
   ________________________.
7. Wann hörst du mit dem Rauchen auf?
   Wann ____________ du mit dem Rauchen ____________?
8. Fliegt ihr nächste Woche nach Bulgarien?
   ________________________?

2. a) Zukunft oder Vermutung? Was drücken die Sätze aus?

	Zukunft, Plan	Vermutung *Ich glaube …*
1. Im Januar *werden* wir eine neue Filiale *gründen*.	X	
2. Er ist nicht hier? Dann *wird* er noch in seinem Bett *liegen*.		
3. Ich *werde* ihn im Laufe der Woche *zurückrufen*.		
4. Er *wird* wohl erst am Freitag *kommen*.		

2. b) Sicherheit oder Befehl? Was drücken die Sätze aus?

	Sicherheit *Ich bin sicher …*	Befehl *Mach(t) das sofort!*
1. Besetzt! Sie *wird* schon wieder mit Anton *telefonieren*!	X	
2. Ihr *werdet* jetzt sofort den Fernseher *ausschalten*!		
3. Du *wirst* mir jetzt sofort das Handy *zurückgeben*!		
4. Wo ist er denn? – Er *wird* bestimmt wieder im Bad *rauchen*!		

26 Passiv

Der Motor *wird* gerade von unseren Mitarbeitern *repariert*.

- Guten Tag, mein Name ist Schmitt. Ich möchte meinen Fiat Panda abholen. Ist er schon repariert?
- ○ Der Motor wird gerade von unseren Mitarbeitern repariert. Rufen Sie bitte nächste Woche wieder an.

I *Der Motor wird gerade repariert.* — Vorgangspassiv

Funktion

Unsere Mitarbeiter *reparieren* gerade den Motor.	Der Motor *wird* gerade (von unseren Mitarbeitern) *repariert*.
Die Sekretärin *druckt* die Formulare *aus*.	Die Formulare *werden* (von der Sekretärin) *ausgedruckt*.

AKTIV:	*Wer repariert den Motor?* *Wer druckt die Formulare aus?* *Wer handelt?*	PASSIV:	*Was passiert mit dem Motor?* *Was passiert mit den Formularen?* Handlung (Prozess) ist wichtig!

Formen

AKTIV	PASSIV
AKKUSATIV ↓ PRÄSENS Unsere Mitarbeiter *reparieren* den Motor.	NOMINATIV ↓ Der Motor *wird* (von unseren Mitarbeitern) *repariert*.
PRÄTERITUM Unsere Mitarbeiter *reparierten* den Motor.	Der Motor *wurde* (von unseren Mitarbeitern) *repariert*.
PERFEKT Unsere Mitarbeiter *haben* den Motor *repariert*.	Der Motor *ist* (von unseren Mitarbeitern) *repariert worden*.

II *Ist der Wagen schon repariert?* — Zustandspassiv

- *Ist* der Wagen schon *repariert*? (≈ Ist er schon fertig?)
- ○ Noch nicht, aber er *wird* gerade von unseren Mitarbeitern *repariert*.

ZUSTANDSPASSIV:	VORGANGSPASSIV:
Zustand, Resultat einer Handlung	Prozess, Vorgang
(Etwas ist schon gemacht/fertig.)	(Mit dem Wagen passiert etwas!)

- Die Gläser *sind* noch nicht *gespült*. — ○ Sie *werden* gerade von Frau Grund *gespült*.
- *Sind* die Fenster schon *geputzt*? — ○ Ja, sie *wurden* heute Morgen *geputzt*.

↓

VORGANGSPASSIV → OFT ANGABEN: *WANN / WIE / VON WEM wird etwas gemacht*?

III *Ihr Wagen kann nicht repariert werden!* — Passiv mit Modalverben

EINE WOCHE SPÄTER:

- Guten Tag, ich wollte nach meinem Fiat Panda fragen. Ist er schon repariert?
- ○ Tut mir leid, Ihr Wagen kann nicht repariert werden. Er ist zu alt!

AKTIV	PASSIV
PRÄSENS	
Man *kann* den Wagen nicht *reparieren*.	Der Wagen *kann* nicht *repariert werden*.
Man *muss* die Rechnungen *bezahlen*.	Die Rechnungen *müssen bezahlt werden*.
Wir *dürfen* hier nicht *rauchen*.	Hier *darf* nicht *geraucht werden*.
PRÄTERITUM	
Wir *konnten* die E-Mails nicht *öffnen*.	Die E-Mails *konnten* nicht *geöffnet werden*.
Man *musste* die Wohnung *renovieren*.	Die Wohnung *musste renoviert werden*.
Wir *durften* das Wörterbuch *benutzen*.	Das Wörterbuch *durfte benutzt werden*.

Übungen

1. Passiv Präsens: *Wird* oder *werden*?

1. Dieses Wagenmodell __wird__ schon seit Jahren nicht mehr produziert.
2. Alkoholgetränke __werden__ erst nach 22 Uhr ausgeschenkt.
3. Im Stadtgarten __werden__ jeden Frühling neue Bäume gepflanzt.
4. Unser Treppenhaus __wird__ jeden Tag geputzt.

das Treppenhaus + Merdiven evi

putzen + Akkobjekt

2. Was wird im Deutschkurs gemacht? Setzen Sie den Text ins Passiv.

Um 8 Uhr beginnen wir mit dem Unterricht. Manchmal lesen wir Texte und beantworten die Fragen zu den Texten. Oft diskutieren wir über verschiedene Themen. Jeden Tag machen wir Grammatikübungen und zweimal pro Woche schreiben wir auch Briefe oder kurze Geschichten. In der letzten Stunde spielen wir Dialoge. Oft machen wir Rollenspiele und dabei lachen wir auch viel. Um 13 Uhr verlassen wir den Unterrichtsraum, aber auf dem Weg zur Bushaltestelle sprechen wir weiter Deutsch.

Um 8 Uhr wird mit dem Unterricht begonnen. Manchmal werden Texte ...

3. Vergangenheit: Ergänzen Sie mit *wurde/wurden, ist/sind ... worden.*

1. Sie haben sich nicht zum Kurs angemeldet, weil sie zu spät informiert *wurden*.
2. Leider __________ die Briefe zu spät abgeschickt worden.
3. Gestern Abend __________ lange gefeiert und getanzt.
4. Der Verletzte blutete stark am Kopf. Er __________ sofort ins Krankenhaus gebracht.
5. Das Formular __________ noch nicht unterschrieben worden.

4. Zustandspassiv oder Vorgangspassiv?
Ergänzen Sie mit *ist/sind, wird/werden, wurde/wurden ...*

1. __________ die Texte schon kopiert? – Sie __________ gerade von meiner Kollegin kopiert.
2. Dieses Formular __________ nicht unterschrieben, wir müssen es zurückschicken.
3. Gestern um acht Uhr __________ alle Bürofenster geputzt. – Aber mein Fenster __________ noch nicht geputzt!
4. Wo __________ denn die Datei gespeichert? Ich kann sie nicht mehr finden. – Ich weiß auch nicht. Wahrscheinlich __________ sie gestern von meinem Kollegen unter einem anderen Namen gespeichert.
5. Der Herd funktioniert nicht! – Klar, er __________ auch gar nicht angeschlossen!

5. Die neue Wohnung.

Mietvertrag unterschreiben ✓
Wände streichen ✓
Laminat legen
Herd anschließen ✓
Schränke montieren
Lampen installieren ✓
Klimaanlage einbauen
Namensschild anbringen ✓
Bilder aufhängen
Fenster und Türe putzen

Was wurde gestern gemacht? ✓	Was muss noch gemacht werden?
Der Mietvertrag wurde unterschreiben.	*Das Laminat muss gelegt werden.*
Die Wände ...	*Die Schränke ...*

6. Was darf nicht gemacht werden?

1. Rauchen Verboten! → *Es darf nicht geraucht werden.*
2. Rasen betreten verboten! → *Der Rasen ...*
3. Die Waren nicht auspacken! →
4. Nicht telefonieren! →

7. Was *muss/kann/darf* (*musste/konnte/durfte*) gemacht werden?

1. Im Hotelzimmer ______________ keine Tiere gehalten werden.
2. Bevor man die Wohnung verlässt, ___________ alle Fenster geputzt werden.
3. Die Rechnung ______________ nicht bezahlt werden, weil kein Geld auf dem Konto war.
4. Der Computer funktionierte nicht mehr; deshalb ________________ alle Programme neu installiert werden.

27 Konjunktiv II

Sie *würde* so gern eine Reise *machen*!

I Funktionen

bloß → yalnız, sırf, sadece
bloß → açık, çıplak, yalın

Irreale Wünsche

Höflichkeit

Dürfte ich einen Moment stören?
Könnten Sie mir noch einen Teller bringen?

Irreale Bedingung (*wenn*/Verb in Position 1)

Wenn ich nicht arbeiten *müsste*, dann *würde* ich sofort ans Meer *fahren*!
Wenn ich eine Arbeit *gefunden hätte*, *wäre* ich in Spanien *geblieben*!
Hätte ich mehr Geld, *müsste* ich jetzt nicht im Büro sitzen.

Rat/Empfehlung: (*An deiner Stelle .../Du solltest ...*)

An deiner Stelle *würde* ich ein paar Tage Urlaub *nehmen*.
Du *solltest* weniger essen!

Möglichkeit/Vermutung (*Es ist möglich .../Ich glaube ...*)

Es *könnte* passieren, dass das Licht kurz ausgeht.
Das *müsste* die richtige Tür sein!
Die Preise *dürften* in den nächsten Monaten steigen.

An deiner Stelle würde ich → Ben senin yerinde olsaydım.

II Formen:

Sie würde gern eine Reise machen. Ich wäre jetzt gern am Strand.

- **Die meisten Verben: *würde* + Infinitiv**

ich *würd**e***
du *würd**est***
er *würd**e***
wir *würd**en***
ihr *würd**et***
sie *würd**en***
} gern eine Reise *machen*.

- **Die Verben *sein* und *haben*, Modalverben, einige unregelmäßige Verben:**

EIGENE KONJUNKTIVFORMEN

	(PRÄTERITUM)	KONJUNKTIV II	
sein	ich war	**ich wäre**	
haben	ich hatte	**ich hätte**	
dürfen	ich durfte	**ich dürfte**	
können	ich konnte	**ich könnte**	
müssen	ich musste	**ich müsste**	
sollen	ich sollte	**ich sollte**	KEIN UMLAUT!
wollen	ich wollte	**ich wollte**	
werden	ich wurde	**ich würde**	
geben	ich gab	**ich gäbe /**	**ich würde ... geben**
kommen	ich kam	**ich käme /**	**ich würde ... kommen**
lassen	ich ließ	**ich ließe /**	**ich würde ... lassen**
wissen	ich wusste	**ich wüsste /**	**ich würde ... wissen**

GEBRAUCH von *ich gäbe / ich würde geben*: abhängig von Stil und Kontext!

würde + Infinitiv → häufiger beim Sprechen

Gegenwart und Vergangenheit

Gegenwart	**Vergangenheit**
ich würde / könnte … machen *ich wäre, ich hätte …*	*ich hätte … gemacht* *ich wäre … gekommen*
Ich *würde* ihn gern noch einmal *sehen*, aber wir müssen morgen früh losfahren.	Ich *hätte* ihn gestern gern noch einmal *gesehen*, aber wir mussten früh losfahren.
Ich *würde* gern zur Party *kommen*, aber ich habe heute leider keine Zeit.	Ich *wäre* gestern Abend gern zur Party *gekommen*, aber ich hatte leider keine Zeit.
Ich *wäre* jetzt so gern bei dir, aber ich muss im Büro bleiben.	Ich *wäre* gestern so gern bei dir *gewesen*, aber ich musste im Büro bleiben.
Wenn ich ein paar Tage Urlaub *hätte*, *würde* ich dich *besuchen*.	Wenn ich ein paar Tage Urlaub *gehabt hätte*, *hätte* ich dich *besucht*.
Wenn ich bloß eine andere Arbeit finden *würde*!	Wenn ich bloß eine andere Arbeit *gefunden hätte*!

Übungen

1. Was bedeutet der Konjunktiv?

a) Wunsch oder höfliche Frage/Bitte?

	Wunsch	Höflichkeit
1. Hätte ich doch mehr Zeit!	X	
2. Wenn es bloß nicht die ganze Zeit regnen würde!		
3. Dürfte ich Sie um etwas bitten?		
4. Ich würde euch so gern besuchen!		
5. Könntest du mir bei dieser Aufgabe helfen?		
6. Würdest du bitte zur Seite gehen?		

b) Rat (*du solltest …*) oder Vermutung/Möglichkeit (*ich glaube …*)?

	Rat	Vermutung
1. Du solltest nicht so viel Kaffee trinken.	X	
2. Heute Abend könnte es regnen.		
3. Das könnte die richtige Lösung sein.		
4. An deiner Stelle würde ich ihn sofort anrufen.		
5. Du solltest zuerst deine Eltern fragen.		

2. *Würdest du ..., Könnten Sie ...?* Sagen Sie es höflicher!

1. Bringen Sie mir ein Bier! *Würden Sie (könnten Sie) mir ein Bier bringen?*
2. Hilfst du mir? ______________________ *mir helfen?*
3. Öffnest du das Fenster? ______________________
4. Rufen Sie mir ein Taxi! ______________________
5. Ich will Sie etwas fragen. ______________________

3. *Ich würde gern ..., Könnte ich doch ...* Bilden Sie Wunschsätze!

a) *Ich würde gern ...*

1. Dieses Sofa finde ich schön. *Ich würde es gern kaufen.*
2. Alle sprechen über dieses Buch! *Ich* ______________________
3. Wir haben Hunger! ______________________
4. Ich war schon lange nicht im Kino! ______________________

b) *Könnte ich doch/bloß/nur ..., Hätte ich doch/bloß/nur ...*

1. Ich kann nicht lange bleiben. (*länger bleiben*) → *Könnte ich doch länger bleiben!*
2. Ich kann nicht schwimmen. →
3. Ich habe wenig Geld. (*mehr Geld*) →
4. Philip ist sehr unsportlich. (*sportlicher*) →
5. Er hat schlechte Noten. (*bessere Noten*) →

4. *Du solltest .../An deiner Stelle würde ich ...*

Ihr Freund hat bald eine Deutschprüfung. Geben Sie ihm ein paar Tipps!

1. Er liest selten auf Deutsch. → *Du solltest mehr auf Deutsch lesen.*
2. Er hört nie deutsches Radio. → *An deiner Stelle würde ich ...*
3. Er sieht nie deutsche Filme. →
4. Er spricht nie Deutsch. →
5. Er schläft im Unterricht. →
6. Er macht keine Hausaufgaben. →

5. Welche Sätze passen zu 1, welche zu 2?

1. Ich war am Freitag in Erfurt.
2. Ich bin gerade in Erfurt.

a) Ich hätte dich gern besucht, wenn ich mehr Zeit gehabt hätte.
b) Wenn ich nicht arbeiten müsste, würde ich dich zu einem Kaffe einladen.
c) Wenn ich nicht gearbeitet hätte, hätte ich dich zum Essen eingeladen.
d) Wenn ich mehr Zeit hätte, würde ich dich besuchen.

28 Das Verb und seine Ergänzungen

Sie gibt ihm einen Kugelschreiber.
Ich denke oft an dich.

Sie gibt ihm einen Kugelschreiber.

Er hat seiner Freundin einen Brief geschrieben.
In dem Brief steht:

> Liebe Sylvia,
> in diesen Tagen habe ich viel an dich gedacht. Ich vermisse dich sehr und hoffe, dass ich dich bald wieder besuchen kann ...

I *Ich besuche dich bald.* — AKKUSATIVERGÄNZUNG

Ich	*besuche*	*dich*	*bald.*
↓		↓	
Subjekt		Akkusativergänzung	

Ich vermisse dich und möchte dich wiedersehen.

Liebst du mich?

Sie bekommt den Brief und liest ihn sofort.

> Andere Verben:
>
> *bestellen, besuchen, bezahlen ... brauchen, essen, finden, fragen, haben, halten, hören, korrigieren, machen, nehmen, operieren, probieren, renovieren, reparieren, schlagen, töten, tragen, trinken, verkaufen, verlassen, verstehen*
> \+ AKKUSATIV

II *Er hilft seinem Bruder.* — DATIVERGÄNZUNG

Er	*hilft*	*seinem Bruder.*
↓		↓
Subjekt		Dativergänzung

Die Touristen sind der Reiseleiterin gefolgt.
Wie steht mir das Hemd?
Ich gratuliere dir zu deinem Examen!

> Andere Verben:
>
> *(an)bieten, antworten, gefallen, passen, schmecken, zuhören, zusehen*
> + DATIV

III *Sie gibt ihm einen Kugelschreiber.* — DATIVERGÄNZUNG UND AKKUSATIVERGÄNZUNG

Sie	*gibt*	*ihm*	*einen Kugelschreiber*
↓		↓	↓
Subjekt		Dativergänzung	Akkusativergänzung
		(meistens *Personen*)	(meistens *Sachen*)

Er hat seiner Freundin einen Brief geschrieben.
Du sagst mir nie etwas Nettes!
Wann bringst du es mir?

> Andere Verben:
>
> *erzählen, erklären, geben, schenken, schicken, vorlesen, vorspielen, wegnehmen, zeigen*
> + DATIV
> + AKKUSATIV

IV *Ich habe viel an dich gedacht.* — PRÄPOSITIONALERGÄNZUNG (AKK. / DAT.)

Ich habe viel	***an*** *dich*	*gedacht.*
Er spricht nicht	***mit*** *mir.*	
↓	↓	
Subjekt	Präposition + Akk./Dat.	

> Andere Verben:
>
> *anfangen / aufhören* ***mit*** + Dat.
> *aufpassen* ***auf*** + Akk.
> *teilnehmen* ***an*** + Dat.
> *sich beschweren* ***über*** + Akk.
> *sich kümmern* ***um*** + Akk.
> *sich wenden* ***an*** + Akk.
> (→ Kap. 32)

1. Ergänzen Sie die Sätze.

1. Der Lehrer begrüßte *den Schüler*. 2. Sie hat ________________ gesprochen. 3. Hast du ________________ alles erklärt?	*dem Schüler* – ~~*den Schüler*~~ *mit dem Schüler*
4. Ich lese dir ________________ vor. 5. Was machst du ________________?	*mit dem Brief* – *den Brief*
6. Wer kümmert sich ________________? 7. Hast du schon ________________ von Sara gesehen? 8. Gib ________________ keine Süßigkeiten!	*das Kind* – *dem Kind* *um das Kind*
9. Ich habe gerade heute ________________ gedacht! 10. Ich kann ________________ noch nicht antworten. 11. Darf ich ________________ etwas fragen?	*an dich* – *dich* – *dir*
12. Habt ihr ________________ angefangen? 13. Wie findest du ________________? 14. Ich möchte ________________ teilnehmen.	*mit dem Unterricht* *am Unterricht* – *den Unterricht*

2. *Das Leben mit der Katze.* Verbinden Sie.

1. Kannst du der Katze Milch	a) finden?
2. Wer wird jetzt auf die Katze	b) spielen?
3. Kannst du die Katze nicht	c) aufpassen?
4. Will er denn nicht mehr mit der Katze	d) kümmern?
5. Kannst du dich um meine Katze	e) schlafen?
6. Warum will die Katze immer nur	f) geben?

3. Ordnen Sie die Verben zu.

a) *denken, gefallen, lesen, schenken*

1. Ich glaube, sie *liest* den Roman schon zum dritten Mal.
2. Wie ________________ dir der Roman?
3. Warum ________________ du ihm nicht diesen Roman?
4. Sie ________________ immer noch an diesen Roman.

b) *sich beschweren, probieren, schmecken, sein, warten*

1. Der Lehrer ______________________ über das Essen.
2. Wie ______________________ Ihnen das Essen?
3. Thorsten ______________________ auf das Essen.
4. Sie ______________________ das Essen nicht.
5. Das Essen ______________________ schon auf dem Tisch.

4. *Mich/dich* oder *mir/dir?*

1. Warum antwortest du ______ nicht? Hörst du ______ überhaupt zu?
2. Bitte schreib ______ eine E-Mail oder ruf ______ an.
3. Dieser Mantel steht ______ sehr gut! – Es freut mich, dass er ______ gefällt.
4. Bitte sag ______, wie ich ______ helfen kann. – Keiner kann ______ helfen!
5. Darf ich ______ etwas fragen? – Ja, klar, ich höre ______ zu!
6. Wie, bitte? Ich habe ______ nicht gehört. – Ich habe ______ gefragt, wie lange wir noch bleiben. – Das kann ich ______ nicht sagen.
7. Wenn Sie Computerprobleme haben, können Sie sich jederzeit an ______ wenden.

5. Ergänzen Sie!

~~der Chef~~ – ~~der Vater~~ – ~~der Junge~~ – die Mutter – eine Geschichte – ~~den Ball~~ – an der Sitzung – dir – die Rechnung – mit ihren Kindern – ~~seinem Sohn~~ – dem Mädchen – der Rock

1. *Der Chef* nimmt ____ teil.
2. Wer bezahlt ____?
3. ______________________ steht ______________________ sehr gut! – Danke!
4. *Der Vater* erzählte *seinem Sohn* ____________________________________
5. ____________________________ spricht ______________________________
6. *Der Junge* nimmt ______________________________ *den Ball* weg.

Wiederholung V: Verben – Formen und Gebrauch

Ergänzen Sie den Text.

(Präsens, Perfekt, Präteritum, Futur, Imperativ, Modalverben, trennbare Verben …)

- ● Wieso kommst du so spät an? __________ du denn so lange arbeiten? Oder __________ du wieder vergessen, dass wir Besuch haben?
- ○ Bitte beruhige dich und __________ mir zuerst __________ (*zuhören*)! Ich erkläre dir alles: Heute Morgen __________ ich eine Stunde zu spät aufgestanden; ich __________ sehr müde und __________ einfach nicht die Augen öffnen. Und dazu __________ (*regnen*) es noch draußen, der Himmel __________ grau und die Luft kalt … Ich __________ also zu spät zum Bahnhof __________ (*kommen*) und __________ meinen Zug __________ (*verpassen*).
- ● Du __________ also zu spät zur Arbeit gekommen.
- ○ Ja, und deshalb __________ ich auch länger im Büro bleiben, ich __________ noch viel zu tun. Und am Nachmittag __________ dann die nächste Katastrophe __________ (*passieren*): Am Bahnhof __________ ich in den falschen Zug __________ (*einsteigen*) und __________ es gar nicht __________ (*bemerken*)! Und das ist nicht alles: Im Zug war es warm und gemütlich, ich __________ (*sitzen*) alleine und __________ (*lesen*) ein langweiliges Buch. Und dabei …
- ● … und dabei __________ du bestimmt eingeschlafen!
- ○ Richtig! Wie __________ du das __________ (*wissen*)?
- ● Ich kenne dich doch, du Schlafmütze! Du __________ ja überall __________ (*einschlafen*), wie ein kleines Baby …
- ○ Jetzt bitte __________ (*übertreiben*) doch nicht!
- ● Und wie __________ du dann wieder __________ (*aufwachen*)?
- ○ Also: Ich __________ (*schlafen*) ganz fest bis zur Endhaltestelle, und dann __________ ich von einem Zugschaffner geweckt.
- ● Du hast ja Glück gehabt. Wenn es keine Zugschaffner gäbe, __________ (*sein*) du jetzt bestimmt noch im Zug. Und wie __________ (*gehen*) es weiter, was hast du dann gemacht?
- ○ Als ich aus dem Bus ausgestiegen bin, war es schon halb sieben! Aber dann __________ ich ein Taxi __________ (*nehmen*) – und hier bin ich!
- ● Na, so etwas __________ ich noch nie __________ (*hören*)! Aber jetzt __________ wir noch schnell ein paar Sachen vorbereiten, es ist schon halb acht! Die Gäste __________ um acht Uhr da sein; der Tisch muss also schon vor acht Uhr gedeckt __________!
- ○ __________ ich schon mal ein paar Weinflaschen aus dem Keller holen?
- ● Alles ist schon hier. Ich glaube, am besten __________ (*schneiden*) du zuerst die Tomaten für den Salat, und dann __________ (*helfen*) du mir noch beim Tischdecken und __________ die Weinflaschen __________ (*aufmachen*). Und __________ du bitte auch ein paar Kerzen anzünden?

5 Adverbien und Präpositionen

29 Adverbien und Modalpartikeln, Steigerung der Adverbien

Er ist *wahrscheinlich* noch *unten*, im Keller.
***Am liebsten* esse ich Nudeln.**

- ● Wo ist Jürgen, ist er immer noch draußen?
- ○ Er ist wahrscheinlich noch unten, im Keller.
- ● Kannst du ihm sagen, er soll schnell in die Küche kommen? Ich brauche ganz dringend seine Hilfe!

I Er soll *schnell* in die Küche kommen! — Adverbien

Wie?	MODALE ADVERBIEN	Jürgen soll *schnell* in die Küche kommen. Sie spricht *langsam* und *deutlich.* Warum singt er so *laut*?
Wann?	TEMPORALE ADVERBIEN	*Dienstags / übermorgen* gehe ich schwimmen. Er fährt *oft / manchmal / selten / nie* mit der Bahn. *Zuerst* essen wir, und *dann* räumen wir auf.
Wo/Wohin?	LOKALE ADVERBIEN	Er ist *unten.* – Sag ihm, er soll *nach oben* kommen. Bist du immer noch *draußen*? Fahren Sie 200 m *geradeaus* und dann *nach links.*
Wie stark? ***Wie viel?***	GRADADVERBIEN (stehen vor anderen Adverbien und vor Adjektiven)	Der Film war *ein bisschen* langweilig. Er spricht *ziemlich* laut. Ich brauche *ganz* dringend seine Hilfe. Hier herrschen *extrem* hohe Temperaturen.

Adjektiv oder Adverb? Dekliniert oder undekliniert?

eine *gute* Arbeit, ein *guter* Koch
ein *fleißiger* Schüler, ein *fleißiges* Kind
↓
Adjektiv
- charakterisiert das *Nomen*
- wird vor dem Nomen *dekliniert*

Er kocht *gut.*
Sie hat *fleißig* gearbeitet.
↓
Adverb
- charakterisiert das *Verb*
- wird *nicht dekliniert*

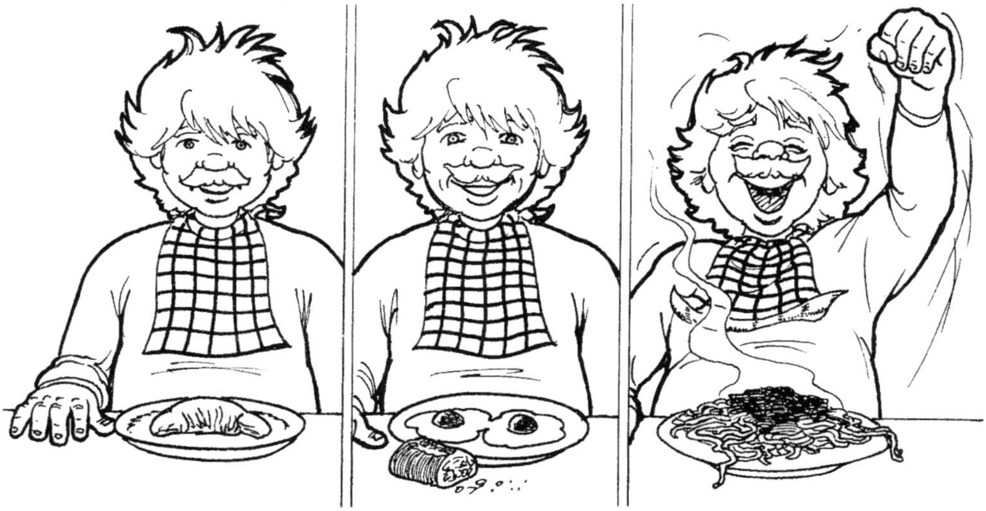

- Isst du gern Croissants zum Frühstück?
- ○ Ja, aber ich esse lieber Eier. Und am liebsten esse ich Nudeln, morgens und abends!

POSITIV	KOMPARATIV	SUPERLATIV
schnell	schneller	am schnellsten
laut	lauter	am lautesten
gern	*lieber*	*am liebsten*
gut	*besser*	*am besten*
viel	*mehr*	*am meisten*

- Paul kocht *besser / schlechter* ***als*** Thomas.
- ○ Aber keiner kocht *so gut* ***wie*** Max!
  Max kocht *am besten* von uns allen!

andere Formen: → Kap. 15, Steigerung des Adjektivs

	Gedanken / Gefühle / Wünsche des Sprechers:
Er kommt *vielleicht / wahrscheinlich* am Freitag.	Möglichkeit/Vermutung (*Ich glaube …*)
Er kommt *bestimmt / sicher* am Freitag.	Sicherheit (*Ich bin sicher …*)
Kannst du mir *mal* dein Wörterbuch geben?	Bitte
Lass mich *doch* in Ruhe! Du kannst *doch* diese alte Jacke nicht anziehen!	Aufforderung (Imperativ), Zweifel, Überraschung
Hätte ich *bloß / nur / doch* mehr Zeit!	Wunsch (Konjunktiv II)
Das ist *ja* unglaublich! Das ist *aber* lieb von dir!	Überraschung
Wie alt bist du *denn*? Wann hat er *denn* gesagt?	Interesse (Fragen)
Ich kann nicht kommen, ich arbeite *ja* am Freitag.	bekannte Situation
Der Drucker ist kaputt! – Da müssen wir *eben* im Internetcafé drucken. Du hast den Tomatensalat nicht einmal probiert! – Ich mag *halt* keine Tomaten.	Resignation (Man kann die Situation nicht verändern, es geht nicht anders.)

Übungen

1. Adverb oder Adjektiv?

1. (*schnell / schnelles*) Ich brauche ein ____________ Auto, um zur Arbeit zu fahren! – Aber in der Stadt darfst du ja nicht ____________ fahren!
2. (*gut / gute*) Du hast sehr ____________ Deutsch gelernt! – Ich hatte eine ____________ Lehrerin.
3. (*langsam / langsamer / langsame*) Johannes ist ein ____________ Mensch; er spricht ____________, er isst ____________, er arbeitet ____________ und er hört gern ____________ Musik.

2. ***Oben, unten, draußen, drinnen, nach links, nach rechts.***

1. Essen wir im Garten? – Lass uns lieber ____________ bleiben, ____________ ist es kalt!
2. Gehen Sie ______________ , dann geradeaus bis zur nächsten Ampel und dort ______________.
3. Die Wohnung hat zwei Etagen: ____________ ist die Küche und ____________ sind die Zimmer.

3. Peters Stundenplan. ***Immer, oft, manchmal (2x), selten, nie***

Montag	Dienstag	Mittwoch	Donnerstag	Freitag
7 Uhr: aufstehen	*7 Uhr: aufstehen*	*7 Uhr: aufstehen*	*7 Uhr: aufstehen*	*7 Uhr: aufstehen*
8–13 Uhr: Schule	*8–13 Uhr: Schule*	*8–13 Uhr: Schule*	*8–13 Uhr: Schule*	*8–13 Uhr: Schule*
15 Uhr: Training	*15 Uhr: Training*	*aufräumen*	*17 Uhr: Training*	*17 Uhr: Training*

1. Am Wochenende schläft er lange, aber in der Woche steht er ____________ um 7 Uhr auf.
2. Er geht ______________ zum Training: mindestens viermal in der Woche.
3. Er trainiert ______________ vormittags, weil er bis 13 Uhr Schule hat.
4. Er räumt sein Zimmer ______________ auf: nur einmal in der Woche.
5. Wann hat er Training? – ______________ um 15 Uhr und ______________ um 17 Uhr.

4. Schreiben Sie: Was machen Sie *morgens, vormittags, nachmittags, abends*?

frühstücken – arbeiten – fernsehen – lernen – kochen – essen – lesen – Fußball spielen – einkaufen – ausgehen – zur Schule fahren

____

____

____

____

____

5. ***Sehr wenig/wenig/ziemlich viel/sehr viel.* Schreiben Sie kurze Sätze.**

1. (ein Brötchen) — *Er hat **sehr wenig** gegessen.*
2. (ein Brötchen mit Ei) ________________
3. (ein Hähnchen, eine Portion Pommes) ________________
4. (eine halbe Tasse Tee) ________________
5. (eine Flasche Wasser) — *Er hat **viel** Wasser getrunken.*
6. (zwei Flaschen Cola) ________________

6. ***Gut, besser, am besten, gern, lieber, am liebsten, laut, lauter ...* Ergänzen Sie die fehlenden Adverbien.**

1. Kannst du ________________ Englisch oder Deutsch sprechen? – Ich glaube, Deutsch. Aber am ________________ kann ich Französisch.
2. Können Sie bitte ________________ sprechen? Wenn Sie so leise sprechen, kann ich Sie nicht hören.
3. Ich lese ________________ Bücher als Zeitungen. – Ich auch. Aber am ________________ lese ich Comics.
4. Sie isst vielleicht ________________ als Konrad, aber keiner isst so ________________ wie Ulrich.
5. Könntest du bitte etwas ________________ sprechen? Wenn du so schnell sprichst, kann ich dich nicht verstehen.
6. Ich glaube, mit dem ICE-Zug kommst du ________________ nach Berlin als mit dem EC-Zug.

7. ***Aber, bestimmt, bloß, denn, doch, mal, vielleicht.* Ergänzen Sie.**

1. ● Kannst du mir ________________ dein Feuerzeug geben?
   ○ Ich rauche nicht mehr.
   ● Das ist ________________ eine Überraschung! Wann hast du ________________ aufgehört?
2. ● Karl ist noch nicht da. ________________ kommt er heute nicht mehr ...
   ○ Doch! Er kommt ________________ erst um Mitternacht, ich kenne ihn schon!
3. ● Könnte ich ________________ ein paar Tage frei bekommen! Ich würde so gern ans Meer fahren.
   ○ Du kommst ________________ gerade vom Urlaub zurück!

30 Präpositionen

im **Wohnzimmer,** *unter* **dem Sonnenschirm,** *auf* **dem Tisch**
um **13 Uhr,** *am* **Montag,** *im* **April**

I Lokale Präpositionen

Wo? Wohin? Woher?

an	Sie sitzen *an* einem großen, runden Tisch. Ein Bild hängt *an* der Wand.
auf	Eine Tasse ist *auf* dem Tisch. *Auf* der Fensterbank sieht man ein Spielzeugauto.
aus	Boris kommt *aus* Russland. Rinuzzo ist *aus* dem Haus gegangen: Er wollte im Garten lesen.
bei	Boris und Indira sind *bei* ihren Freunden und spielen Karten.
durch	*Durch* das Fenster sehen sie Rinuzzo: Er sitzt im Garten, obwohl es regnet.
gegenüber	Der kleine Philip sitzt Boris *gegenüber*. Seine Mutter sitzt ihrer Freundin Indira *gegenüber*.
hinter	In der Ecke *hinter* Indira steht eine Palme.
in	Sie sitzen *im* Wohnzimmer. Er liest *im* Garten.
neben	*Neben* dem großen Tisch steht ein kleiner Servierwagen mit Wasser, Saft, Gläsern und einer Tasse.
unter	Rinuzzo sitzt *unter* dem Sonnenschirm.
um	Die Katze läuft *um* den Servierwagen (*herum*) und spielt.
vor	*Vor* dem Haus ist ein Garten.
zwischen	Die Gläser stehen *zwischen* der Flasche und der Tasse.

auf *dem* Tisch ↔ auf *den* Tisch, an *der* Wand ↔ an *die* Wand → Kap. 31

bis, von, nach	● Dieser Zug fährt nur *bis* Frankfurt. ○ Und wie kommen wir *von* Frankfurt *nach* Berlin? ● Vielleicht können wir einen Flug buchen. Es gibt viele günstige Flüge *nach* Berlin. (*nach*: → auch Kap. 31)

II Temporale Präpositionen

Wann? Wie lange? Von wann bis wann?

an	Seht ihr euch *am* Wochenende oder *am* Montag?– Erst *am* Freitag. Er kommt *am* 26. Mai. – *Am* Nachmittag oder *am* Abend?
aus	Das sind Bilder *aus* dem 19. Jahrhundert.
bis	Ich bleibe *bis* Freitag bei meinen Eltern.
in	Wir fahren erst *im* April in die Berge. *Im* Winter ist es zu kalt.
gegen	Wann kommt er nach Hause? – Ich weiß nicht, vielleicht *gegen* 9 Uhr.
nach	*Nach* dem Essen trinkt er Kaffee.
seit	Wir kennen uns schon *seit* 10 Jahren.
über	*Übers* Wochenende bleiben wir zu Hause.
um	Wir fliegen *um* 16.30 Uhr.
von … bis	Das Geschäft ist *von* 8 Uhr *bis* 20 Uhr geöffnet.
vor	*Vor* dem Essen solltest du dir die Hände waschen!
während	*Während* des Unterrichts darf man nicht telefonieren.
ø	Er wurde ø 1964 geboren. (oder: im Jahr 1964)

III Kausale Präpositionen

Warum? Weswegen? Aus welchem Grund?

aus	Das Geschäft bleibt *aus* Krankheitsgründen geschlossen.
vor	Er konnte *vor* Angst nicht sprechen.
wegen	*Wegen* seiner Krankheit blieb er zu Hause.

IV Andere Präpositionen

als	Die neue Wohnung ist größer *als* die alte. Er arbeitet *als* Lehrer.
gegen	Wer ist *gegen* diesen Vorschlag?
für	Ich bin *für* diesen Vorschlag. Dieser Film ist nur *für* Erwachsene.
mit	Fahrt ihr *mit* dem Auto oder *mit* dem Zug?
ohne	Komm doch mit! Ich möchte *ohne* dich nicht tanzen gehen!
trotz	*Trotz* des Regens sitzt er draußen. (≈ Es regnet, trotzdem sitzt er draußen.)

Präpositionen mit Akkusativ:	*bis, durch, für, gegen, ohne*
Präpositionen mit Dativ:	*aus, bei, mit, nach, seit, von, zu*
Präpositionen mit Genitiv:	*trotz, während, wegen**
	Andere Präpositionen: → Kap. 31

*In der *Umgangssprache* hört man auch „trotz dem Preis“, „wegen dem Regen“ (Dativ).

Übungen

1. Ergänzen Sie die Dialoge.

a) __________ der neuen Wohnung

an, in, unter, vor

- Wo sind die Kartons mit den Schuhen?
- ○ Sie sind auf dem Boden, __________ dem Tisch.
- Und wo ist mein Bild?
- ○ Es hängt schon __________ der Wand.
- Und die Blumen? Ich sehe sie nicht.
- ○ Sie sind noch draußen, __________ der Tür.

b) Wo ist Markus?

auf, bei, hinter, in, mit, nach, neben

- Das Essen ist __________ dem Tisch!
- ○ Wo ist denn Markus? Isst er denn heute nicht __________ uns? Ist er noch __________ der Schule?
- Heute hat er keinen Unterricht. Vielleicht ist er __________ Paul.
- ○ Und wer ist Paul?
- Das ist doch der Sohn der Nachbarn, die hier __________ uns wohnen.
- ○ Aber sie sind ja nicht zu Hause, sie sind __________ Bamberg gefahren!
- Dann spielt er vielleicht Fußball __________ dem Haus. Mach dir keine Sorgen; wenn er Hunger hat, kommt er wieder nach Hause und isst etwas.

c) __________ Schalter der Deutschen Bahn

am (3x), im, nach (2x), ohne, von … nach, wegen

- Eine Fahrkarte __________ Oberhausen, bitte.
- ○ Wir haben keine direkte Verbindung. Sie können __________ Frankfurt __________ Duisburg fahren und dann in Duisburg umsteigen.
- Und wann fährt der nächste Zug __________ Duisburg?
- ○ Erst um 22 Uhr; __________ eines Unfalls haben alle Züge Verspätung. Möchten Sie einen Platz __________ Fenster oder …
- Ich brauche keine Reservierung, ich sitze ja immer __________ Wagon-Restaurant.
- ○ Tut mir leid, __________ Reservierung können Sie nicht mit diesem Zug fahren.
- Dann bitte einen Platz __________ Fenster.

2. Ergänzen Sie die Schilder! (*als, für, ohne, wegen, während*)

__________ RENOVIERUNG GESCHLOSSEN.	DAS GESCHÄFT BLEIBT __________ DER WEIHNACHTSFERIEN GESCHLOSSEN.
__________ KASSENZETTEL KÖNNEN WIR DIE WAREN NICHT UMTAUSCHEN!	NUR __________ ERWACHSENE!
SUCHE STELLE ______ BABYSITTER	

3. Wann treffen wir uns? (*am, aus, bei, bis, für, gegen, im, mit, nach, seit, vom, von … bis, vor, während, wegen, um*)

- ● Wann sollen wir uns treffen?
- ○ Nächste Woche habe ich viel Zeit, ich habe noch ________ Ende Mai Urlaub.
- ● Gut, sollen wir uns dann gleich ________ Montag treffen?
- ○ Da kann ich nicht, ich fahre ________ Wochenende zu meinen Eltern und bleibe dort ________ Montagabend.
- ● Dann können wir uns ja ________ Dienstagabend treffen, ich arbeite ________ vier Uhr und habe danach frei.
- ○ Tut mir leid, ich habe ________ sechs Uhr ________ acht Uhr Training.
- ● Und ________ dem Training, so ________ halb neun oder später?
- ○ ________ halb neun treffe ich mich mit meiner Cousine, wir haben uns schon ________ drei Jahren nicht gesehen.
- ● Dann vielleicht vor dem Training, ________ Nachmittag?
- ○ ________ vier Uhr gehe ich ________ Tom einkaufen; ________ 1. Juni hat Lisa Geburtstag, wir wollen etwas Nettes ________ sie kaufen.
- ● Ach so! Ich dachte, sie hat erst ________ Winter Geburtstag …
- ○ Sollen wir uns ________ Mittwoch sehen?
- ● Da kann ich nur ________ Vormittag, ________ meines Onkels. ________ Mittwochnachmittag kommt er ________ Polen und ich möchte ihn ________ Bahnhof abholen.
- ○ Und ________ Donnerstag?
- ● Da kann ich auch nicht, denn er bleibt ________ Donnerstagabend. Aber am Freitag habe ich schon ________ zwei Uhr frei.
- ○ Freitag passt mir nicht so gut: Meine Schwester ist ________ 27. ________ 30. Mai ________ einem Kongress in Berlin, und ________ dieser Zeit bleiben ihre Kinder ________ mir.
- ● Ich glaube, wir können uns erst ________ Juni sehen.

31 *Wo* oder *wohin*?

Er ist *im* Museum.
Er geht *ins* Museum.

Wohin fährt er? Wo ist er?

Wohin fährt er?

Er will ***nach*** Paris fahren.

●——→●
RICHTUNG

Wo ist er?

Er ist ***in*** Paris.

●
ORT

Wohin geht er?

Er geht ***ins*** Museum.

Wo ist er?

Er ist ***im*** Museum.

I Er ist *im* Museum. Er geht *ins* Museum. **Wechselpräpositionen**

	Wohin gehst du?	*Wo bist du?*
der Garten	Ich gehe *in den* Garten. (AKK.)	Ich bin *im* Garten. (DAT.)
das Museum	Ich gehe *ins* (in + das) Museum.	Ich bin *im* (in + dem) Museum.
die Küche	Ich gehe *in die* Küche.	Ich bin *in der* Küche.

Andere Wechselpräpositionen (*an, auf, hinter, neben, über, unter, vor, zwischen*)

Er geht *hinter die* Garage (f.).	Er ist *hinter der* Garage (f.).
Ich würde gern *ans* Meer (n.) fahren.	Warst du im Sommer *am* Meer (n.)?

II *Legen* oder *liegen*, *stellen* oder *stehen*, *setzen* oder *sitzen*?

Wohin *legt* sie die Papiere? Sie legt die Papiere *auf das* Bett.	Wo *liegen* die Papiere? Die Papiere liegen *auf dem* Bett.
Wohin *stellt* er die Lampe? Er stellt die Lampe *auf den* Tisch.	Wo *steht* die Lampe? Die Lampe steht *auf dem* Tisch.
Wohin *setzt* sie das Baby? Sie setzt das Baby *auf die* Bank.	Wo *sitzt* das Baby? Das Baby sitzt *auf der* Bank.
↓	↓
mit Akkusativergänzung (*Papiere, Lampe, Baby*)	ohne Akkusativergänzung
Perfekt: *gelegt, gestellt, gesetzt* (regelmäßig)	Perfekt: *gelegen, gestanden, gesessen* (unregelmäßig)

III Er fährt *nach* Paris. Er ist *in* Paris.

STÄDTE/LÄNDER	Er fährt *nach* Paris/Frankreich.	Er ist *in* Paris/Frankreich.
	ABER: Er fährt *in die* Schweiz.	Er ist *in der* Schweiz. → Länder mit Artikel (Kap. 5)
ZUM ARZT/BEIM ARZT	Ich gehe *zu* Kai. *zum* Arzt/Anwalt. *zu* meinem Vater.	Ich war *bei* Kai. *beim* Arzt/Anwalt. *bei* meinem Vater.
NACH HAUSE/ZU HAUSE	Wir gehen *nach* Hause.	Wir sind wieder *zu* Hause.

1. Verbinden Sie.

1. Bist du noch ...?	a) in die Cafeteria
Ich gehe jetzt auch ...	b) in der Cafeteria
2. Er trat ...	c) ins Wartezimmer der Arztpraxis
Viele Patienten warteten ...	d) im Wartezimmer der Arztpraxis
3. Er nahm eine große Einkaufstasche und ging ...	e) im Supermarkt
Sie musste viel einkaufen und war zwei Stunden ...	f) in den Supermarkt
4. Es war sonnig und die Mädchen saßen draußen ...	g) in den Garten
Er nimmt seine Sonnenbrille und geht ...	h) im Garten

2. Wo machen sie Urlaub? (auf eine Linie gehören 1 oder 2 Wörter)

1. Die Müllers machen immer Urlaub *in* Italien, *bei* ihrem Freund Roberto.
2. Herr Bauer bleibt jeden Sommer drei Wochen ________ Schweiz. Er mietet ein kleines Haus ________ Alpen (Pl.). Wenn er Zeit hat, verbringt er noch eine Woche ________ seiner Mutter ________ Österreich.
3. Fatma bleibt den ganzen August ________ ihren Eltern ________ Türkei, und im Winter besucht sie ihre Freundin Filiz, die ________ USA lebt.
4. Pauline macht gern jedes Jahr etwas Neues: Letztes Jahr war sie ________ Kroatien, vorletztes Jahr ________ ihrem Freund ________ Griechenland, und ihren nächsten Urlaub möchte sie ________ Bergen verbringen, vielleicht ________ Österreich.
5. Klaus bleibt im Sommer am liebsten ________ Hause.

3. Wohin fahren/fliegen sie? (auf eine Linie gehören 1 oder 2 Wörter)

1. Die Müllers fahren *nach* Italien, *zu* ihrem Freund Roberto.
2. Herr Bauer fährt ________ Schweiz und dann ________ seiner Mutter ________ Österreich.
3. Fatma fliegt im Sommer ________ Türkei und im Winter ________ USA.
4. Pauline ist letztes Jahr ________ Kroatien und vorletztes Jahr ________ Griechenland gefahren. Nächsten Sommer fährt sie ________ Berge.
5. Klaus hat keine Lust, ________ Ausland zu fahren.

4. Ergänzen Sie. (auf eine Linie gehören 1 oder 2 Wörter)

1. Wohin hängst du das Bild? – ____________ Küchenwand.
2. Du sitzt auf meiner frisch gebügelten Hose! – Oh, entschuldige, dann setze ich mich ____________ anderen Stuhl.
3. Warum legst du dich nicht ____________ Bett? – Ich habe den ganzen Tag ____________ Bett gelegen!
4. Ich stelle die Flasche ____________ Keller (m.) – ____________ Keller stehen aber schon viele Flaschen, da ist kein Platz mehr!

5. Ordnen Sie zu.

im Bad – in der Küche – beim Zahnarzt – zum Zahnarzt – zu Hause – in der Schule – bei Claudia – zu deinem Vater – nach Hause – bei deinen Eltern – an der Küste – in den Bergen – zum Friseur – in Polen – in der Schweiz – an der Haltestelle – ins Büro – zum Spielplatz – in den Supermarkt – auf dem Spielplatz

Bist du noch ...?	Wann gehst du ...?

32 Verben, Adjektive und Nomen mit der Präpositionalergänzung

Ich denke *an* dich.
Sind Sie fertig *mit* der Arbeit?
Ich habe Angst *vor* Hunden.

I *Ich denke an dich!* — Verben mit Präpositionalergänzung

denken / sich erinnern / sich gewöhnen / sich wenden ***an*** + AKK.

Denkst du manchmal *an* deine Großeltern? – Ja, ich kann mich noch gut *an* sie erinnern.
Sie kann sich *an* das Wetter in Deutschland nicht gewöhnen.
Wenden Sie sich *an* uns, wenn Sie Probleme mit Ihrem Vermieter haben.

arbeiten / teilnehmen ***an*** + DAT.

Sie arbeitet *an* einem neuen Projekt.
Der kleine Junge wollte *an* diesem Spiel nicht teilnehmen.

achten / antworten / hoffen / sich konzentrieren / warten ***auf*** + AKK.

Auf wen wartet er? – *Auf* seine Freundin.
Worauf (→ IV) muss ich bei dem Test achten? – Konzentriere dich gut *auf* den Lesetext und antworte *auf* alle Fragen.
Wir hoffen *auf* mehr Glück bei dem Spiel am Sonntag!

sich bedanken / danken / sich entschuldigen / sich interessieren / sorgen ***für*** + AKK.

Ich möchte mich *für* Ihre Hilfe bedanken. / Ich danke Ihnen *für* Ihre Hilfe.
Hat er sich *für* seine Verspätung entschuldigt?
Er interessiert sich nicht *fürs* Kochen, aber er sorgt sehr liebevoll *für* seine Pflanzen.

anfangen / aufhören / beginnen ***mit*** + DAT.

Hört bitte *mit* dem Streiten auf! Wir müssen *mit* der Arbeit anfangen/beginnen.

sich erkundigen / fragen ***nach*** + DAT.

Da ist endlich der Verkäufer! Frag ihn *nach* dem Preis, bevor er wieder weg ist!
Haben Sie sich schon *nach* dem Wetter erkundigt?

sich ärgern / berichten / lachen ***über*** + AKK.

Sie ärgerte sich *über* ihre Mitschüler, denn sie hatten wieder *über* sie gelacht.
Er berichtete lange *über* sein Projekt. (auch: berichten *von* + DAT.)

bitten / es geht / sich kümmern ***um*** + AKK.

- Darf ich dich *um* einen Gefallen bitten?
- ○ *Worum* (→ IV) geht es denn?
- Es geht *um* meine Katzen. Ich verreise morgen; kannst du dich *um* sie kümmern?

sich trennen ***von*** + DAT.

Die kleine Daniela kann sich *von* ihrem Hund einfach nicht trennen.

gehören / gratulieren ***zu*** + DAT.

Musst du so viel telefonieren? – Das gehört alles *zu* meiner Arbeit.
Seine Kollegen gratulierten ihm *zum* Geburtstag.

II *Sind Sie fertig mit der Arbeit?* Adjektive mit Präpositionalergänzung

interessiert ***an*** + DAT.

Sie sind *an* einem Englischkurs interessiert? Dann wenden Sie sich bitte an Frau Schmehl.

eifersüchtig / neidisch / stolz ***auf*** + AKK.

Michael ist eifersüchtig *auf* seinen kleinen Bruder.
Sie waren neidisch *auf* ihre reichen Nachbarn.
Du hast die beste Note bekommen! Ich bin wirklich stolz *auf* dich!

charakteristisch / interessant / nützlich / schädlich / typisch ***für*** + AKK.

Heiße Sommer und kalte Winter sind charakteristisch/typisch *für* dieses Klima.
Dieses Angebot ist *für* uns nicht so interessant.
Dieser Kurs war *für* mich sehr nützlich.
Alkohol ist sehr schädlich *für* die Gesundheit.

einverstanden / fertig / verwandt / vorsichtig / zufrieden ***mit*** + DAT.

Bist du *mit* meinem Vorschlag einverstanden?
Sind Sie fertig *mit* der Arbeit?
Ich glaube, er ist *mit* Frau Kröger verwandt.
Sei bitte vorsichtig *mit* dieser Vase! Sie ist sehr teuer!
Sie ist *mit* ihrer Stelle sehr zufrieden.

froh / glücklich / traurig ***über*** + AKK.

Ich bin auch sehr froh *über* deine neue Arbeit!
Sie ist so glücklich *über* die Geburt ihres Enkels!
Ich bin traurig *darüber*, dass er nicht angerufen hat. (→ IV)

lieb / freundlich / nett ***zu*** + DAT.

Frau Mohn war immer so lieb/freundlich/nett *zu* uns!

Wir haben Probleme *mit* unserem Sohn. *Probleme / Schwierigkeiten* ***mit*** + DAT.

Er hat Angst *vor* Hunden. *Angst* ***vor*** + DAT.

Was Sie schon über Verben und Adjektive gelernt haben, kann manchmal helfen!

eifersüchtig / neidisch / stolz ***auf*** + AKK. → *Eifersucht / Neid / Stolz* ***auf*** + AKK.

sein Neid *auf* die Kollegen
die Eifersucht *auf* ihren Bruder
unser Stolz *auf* die Kinder

zufrieden ***mit*** + DAT. → *Zufriedenheit* ***mit*** + DAT.

ihre Zufriedenheit *mit* der neuen Stelle

sich erinnern ***an*** + AKK. → *Erinnerung* ***an*** + AKK.

die Erinnerung *an* seine Kindheit

sich trennen ***von*** + DAT. → *Trennung* ***von*** + DAT.

die Trennung *von* ihrem Mann

IV *Auf wen, worauf, darauf*

Auf wen wartest du?
Mit wem telefonierst du?

PERSONEN:	*auf wen*	
	für wen	
	um wen	*wen* (AKK.)
	zu wem	*wem* (DAT.)
	von wem …	

Worauf muss man beim Test achten?
Worum geht es in dem Film?

SACHEN:	*worauf*	(*auf + was*)
	wofür	(*für + was*)
	worum	(*um + was*)
	wozu	(*zu + was*)
	wovon	(*von + was*) …

Ich freue mich, dass er uns bald besucht! – Ich freue mich auch ***darauf***.
↓
(auf seinen Besuch)

Hier können Sie kostenlos trainieren. – Danke, aber ich bin nicht ***daran*** interessiert.
↓
(am kostenlosen Training)

Bitte achten Sie ***darauf***, dass die Kinder nicht auf die Straße gehen. (achten *auf*)
Ich bin traurig ***darüber***, dass er nicht angerufen hat. (traurig *über*)
↓
vor dem Nebensatz

r (*wo**r**auf, wo**r**um, da**r**auf, da**r**um* …) → vor Vokal

• ***Ich spreche mit ... über ...***

Ich spreche	***mit***	meinem Vater immer	***über*** Fußball.
Er redet	***mit***	uns immer nur	***über*** Arbeit.
Wir unterhalten uns	***mit***	unseren Nachbarn oft	***über*** das Wetter.
Er diskutierte	***mit***	seiner Kollegin	***über*** Politik.
	↓		↓
	Mit wem? (Person)		*Worüber?* (Thema)

• ***Ich freue mich über .../Ich freue mich auf ...***

Ich freue mich ***über*** deinen Brief.
↓
(Ich habe den Brief schon bekommen.)
SCHON PASSIERT!

Ich freue mich schon ***auf*** den nächsten Urlaub.
↓
(Ich werde nächstes Jahr in Urlaub fahren.)
NOCH NICHT PASSIERT!

Übungen

1. Ordnen Sie zu.

1. Sie haben lange über Politik ...
2. Wir haben uns über deine Antwort sehr ...
3. Er hat sich den ganzen Sommer nicht um sein Haus ...
4. Ich habe mich noch nicht nach dem Preis ...
5. An diesem Projekt haben alle Schüler ...

a) gefreut.
b) teilgenommen.
c) gekümmert.
d) erkundigt.
e) diskutiert.

2. Ergänzen Sie die Dialoge.

a) In der Firma

• Dieser Fortbildungskurs war __________ mich nicht so interessant, ich weiß schon so viel über die neue Software. Ich glaube, die Firma sollte uns andere Kurse anbieten, zum Beispiel Sprachkurse.

○ Ich bin ________ deiner Meinung nicht ganz einverstanden. ________ mich war der Kurs sehr nützlich, ich war _________ diese Programme nicht so gut informiert. Auch andere Kollegen sind ________ solchen Kursen sehr interessiert.

b) Beim Umzug

• Wir beginnen jetzt __________ d______ Ausladen!

○ Bitte vorsichtig _________ dies _____ Karton (m.), es sind Gläser drinnen!

c) Zu Hause

• Der Chef hat uns wieder zu spät _________ d_____ Treffen informiert. Und später ist er ________ unser_____ Arbeit nicht zufrieden ...

○ Ärgere dich nicht so, Schatz, so viel Stress ist schädlich _______ dein ____ Gesundheit!

3. Antworten Sie.

1. Worüber ärgert er sich? (*der Lärm*) → *Er ärgert sich über den Lärm.*
2. Worum hat sie dich gebeten? (*Hilfe*) → *Sie hat mich …*
3. Wonach hat er gefragt? (*der Weg*) → *Er hat …*
4. Mit wem haben Sie heute gesprochen? → *Ich habe …*
5. Wofür interessieren Sie sich? →
6. Worüber lachen Sie gern? →
7. Mit wem unterhalten Sie sich gern? →
8. Worum geht es in dem Buch? →

4. Ergänzen Sie die fehlenden Präpositionen.

1. Er liest gerade „Istanbul. Erinnerungen _______ eine Stadt" von Orhan Pamuk.
2. Nach der Trennung _______ seiner Frau ist er nach Brasilien ausgewandert.
3. Die Zufriedenheit _______ ihrem neuen Leben hat sie noch hübscher gemacht.

5. Ergänzen Sie den Dialog.

● Jutta hat sich ______ ihrem Mann getrennt. Sie sagt, er hat sich im Haus ______ gar nichts gekümmert und sie musste allein ______ vier Kinder sorgen …

○ Ich habe auch gehört, dass sie viele Probleme ______ ihm hatte. Er hatte immer schlechte Laune, weil er unzufrieden ______ seiner Arbeit war. Und nachdem er ______ dem Rauchen aufgehört hatte, wurde es noch schlimmer: Er ärgerte sich ______ jede Kleinigkeit, war unfreundlich ______ allen und redete nur noch ______ seinem Hund.

● Das stimmt, man konnte sich gar nicht mehr ______ ihm unterhalten! Und seine Kinder hatten auch Angst ______ ihm!

○ Und dazu achtete er gar nicht mehr ______ sein Aussehen! Seine Haare waren immer so unordentlich, und seine Kleidung noch schlimmer …

● Und er war auch noch eifersüchtig ______ Juttas Freunde! Und neidisch ______ seine Kollegen!

○ Und man sagt auch, er redete immer schlecht ______ andere Leute und steckte überall seine Nase rein!

Wiederholung VI: Adverbien und Präpositionen

Ergänzen Sie (Präpositionen, Artikel, Adverbien, ø).

- ● Ich bin schon fertig ______ der Arbeit, wir können jetzt ausgehen!
- ○ Wohin sollen wir denn bei diesem Wetter gehen, es regnet noch stärker ______ gestern!
- ● Vielleicht gehen wir ______ ________ Kneipe oder ______ Kino?
- ○ Letzte Woche waren wir ja schon zweimal ______ Kino, ______ Mittwoch und ______ Freitag. Und ich habe auch keine Lust, ______ ______ Kneipe zu sitzen.
- ● Aber wir könnten doch ein Bierchen trinken und dann einen Spaziergang ______ ______ Stadtmitte machen ...
- ○ Wir können auch ______ Hause Bier trinken, wir haben noch drei Flaschen ______ Kühlschrank. Heute läuft ein Film ______ Fernsehen, es geht ______ die Fußball-Weltmeisterschaft ______ 1954.
- ● Du würdest ja ______ liebsten jeden Tag fernsehen! Gut, du bleibst ______ Hause und ich rufe Marta und Paula an und frage sie, ob sie ______ mir ausgehen wollen. Oder ich gehe ______ meiner Schwester.

5 Minuten später

- ● Wo ist denn das Telefon? Ich kann es nicht finden.
- ○ Ich weiß nicht, vielleicht auf ______ Sofa oder neben ______ Fernseher.
- ● Nein, dort ist es nicht. Vielleicht habe ich es ______ ________ Schreibtisch gelegt. Ich gehe ______ Arbeitszimmer und sehe nach.
- ○ Warte, ich habe es gefunden! Es lag auf ______ Teppich, neben ______ Tür.

20 Minuten später

- ● Ich habe ______ Marta gesprochen, wir treffen uns ______ acht Uhr ______ Theatercafé, trinken einen Kaffee und gehen dann ______ Paola.
- ○ Kann sie denn nicht ______ Café kommen?
- ● Sie muss ______ Hause bleiben und sich ______ ihren kleinen Bruder kümmern.
- ○ Soll ich dich ______ ________ Stadt fahren?
- ● Danke, ich fahre selbst hin. Ist der Wagen ______ ________ Garage oder hast du ihn ______ ______ Parkplatz hinter ______ Haus gelassen?
- ○ Ich habe ihn ______ des Regens ______ ________ Garage gefahren. Vergiss nicht den Schlüssel! Ich glaube, er ist ______ meiner Hosentasche.
- ● Oh, ich habe deine Hose gerade ______ ________ Waschmaschine gelegt! Ich gehe jetzt ______ Bad und ...
- ○ Ach, warte, jetzt weiß ich es wieder: Er ist ______ ________ Diele, neben ______ Eingangstür. Ich glaube, ich habe ihn ______ ________ Wand gehängt.
- ● Und der Regenschirm, ist er ______ Wagen oder auch ______ ________ Diele?
- ○ Er ist ganz unten, ______ Schrank. Ich habe ihn ______ ________ große Schublade gelegt.
- ● Gut. Ich muss jetzt los, sonst muss Marta ______ mich warten.
- ○ Achte bitte ______ den Verkehr und fahr ________________!

6 Satzbau und Satzstrukturen

33 Wortstellung im Hauptsatz

Ich *gehe* zum Tanzkurs. *Gehst* du zum Tanzkurs?
Wann *gehst* du zum Tanzkurs?

I Aussagesatz

ICH	gehe	*am Abend* zum Tanzkurs.
Am Abend	gehe	ICH zum Tanzkurs.
ER	räumte	*danach* sein Zimmer auf.
Danach	räumte	ER sein Zimmer auf.
DU	darfst	*hier* nicht parken.
Hier	darfst	DU nicht parken.
MEINE ELTERN	haben	oft *in diesem Restaurant* gegessen.
In diesem Restaurant	haben	MEINE ELTERN *oft* gegessen.

↓
KONJUGIERTES VERB immer an **zweiter** Stelle

• Trennbare Präfixe im Präsens/Präteritum:	auf	stehen immer am **Ende**.
• Infinitiv:	parken	
• Partizip Perfekt:	gegessen	

- Das **Subjekt** (*ich, er, Peter, meine Eltern*)
- *morgen, am Abend, in Berlin, wegen des Regens*
- *dann, danach, vielleicht, außerdem, deshalb …*

können **vor** oder **nach** dem konjugierten Verb stehen.

II Fragesatz

• Darf ich hier parken?	JA/NEIN-FRAGE	Verb an **erster** Stelle
○ Nein, hier ist Parkverbot!		
• Wo soll ich denn parken?	W-FRAGE (*wo, was, wie …*)	Verb an **zweiter** Stelle

III Dativergänzung und Akkusativergänzung

Sie schenkt *ihrem Sohn*$_D$ *das Buch*$_A$. — NOMEN + NOMEN
↓ ↓
zuerst DATIV, dann AKKUSATIV

Sie schenkt *es*$_A$ *ihm*$_D$. — PRONOMEN + PRONOMEN
↓ ↓
zuerst AKKUSATIV, dann DATIV

Sie schenkt *ihm*$_D$ *das Buch*$_A$. — PRONOMEN + NOMEN
Sie schenkt *es*$_A$ *ihrem Sohn*$_D$.
↓ ↓
zuerst PRONOMEN, dann NOMEN

IV Angaben: *Wann? Warum? Wie? Wo?/Wohin?*

Normalerweise stehen die Angaben in dieser Reihenfolge:

	TEMPORAL *Wann?*	KAUSAL (wegen ...) KONZESSIV (trotz ...) KONDITIONAL (bei ...)	MODAL *Wie?*	LOKAL *Wo?/Wohin?*	
Er wurde	*1965*			*in Berlin*	geboren.
Sie wollte	*gestern*	*wegen ihrer Kinder*	*lieber*	*zu Hause*	bleiben.
Sie haben	*am Freitag*	*trotz des Regens*	*lange*	*im Park*	gesessen.
Ich sitze	*nachmittags*	*bei gutem Wetter*	*gern*	*im Garten.*	

Übungen

1. Formulieren Sie die Sätze um und unterstreichen Sie das konjugierte Verb!

Jan muss *morgens* früh aufstehen. Er arbeitet *von 9 Uhr bis 17 Uhr*. Er fährt *dann* nach Hause. Er füttert *zu Hause* seine Katze und kocht das Abendessen. Er trifft *abends* seine Freunde.

Morgens muss Jan früh aufstehen. Von 9 Uhr bis 17 Uhr ____________________

____

____

____

____

____

2. Formulieren Sie die Sätze um.

a) Modalverb

1. Ich kaufe hier nicht ein. (*können*) → *Ich kann ...*
2. Morgen gehe ich schwimmen. (*wollen*) → *Morgen ...*
3. Vor dem Kino parkt man nicht. (*dürfen*) → *Vor dem Kino ...*

b) Perfekt

1. Wir fahren um 10 Uhr zum Stadion. → *Wir sind ...* *gefahren.*
2. Petra geht am Freitag spazieren. →
3. Stefan macht das Licht im Zimmer aus. →

3. Finden Sie die richtige Reihenfolge.

1. schaltet/Lisa/Handy/aus/ihr → *Lisa ...*
2. gefahren/nach Berlin/sind/wir →
3. darfst/sprechen/nicht so laut/du →
4. deine Tochter/wo/arbeitet →
5. kommst/herein/du/warum/nicht →

4. Stellen Sie Fragen.

1. ____________________? – Nein, ich komme aus Bonn.
2. ____________________? – Ja, ich habe eine Tochter.
3. ____________________? – Nein, ich wohne in Köln.

5. Ergänzen Sie die Antworten. Ersetzen Sie dabei die Nomen durch Pronomen.

1. Warum hast du *dem Kind diese Schuhe* gekauft? Das ist Größe 36!
   Ich habe _sie_ _ihm_ *gekauft, weil es schnell wächst.*
2. Warum habt ihr *der Katze mein Hähnchen* gegeben?
   Wir haben ______ ______ *gegeben, weil sie Hunger hatte.*
3. Wieso hast du *deiner Freundin meine CDs* gegeben?
   Ich habe ______ ______ *nicht gegeben, sie sind auf deinem Schreibtisch!*
4. Warum hast du *es deiner Mutter* nicht gesagt?
   Ich habe ______ ______ *nicht gesagt, weil ich sie nicht ärgern wollte.*
5. Hast du *sie den Kindern* nicht gezeigt?
   Nein, ich habe ______ ______ *nicht gezeigt.*
6. Hast du *ihm das Foto* noch nicht gegeben?
   Doch, ich habe ______ ______ *schon letzte Woche gegeben.*

6. Erweitern Sie die Sätze.

1. Seine Cousine hat ihn besucht. (im Krankenhaus, am Freitag)
   → *Seine Cousine hat ihn ...*
2. Sie haben geheiratet. (in Sao Paolo, am 22. Mai)
   →
3. Er hat gegessen. (viel, am Abend)
   →
4. Sie wollten sich treffen. (am Strand, gestern, trotz des Regens)
   →

34 Hauptsatz + Hauptsatz: *und, oder, aber, denn, sondern, deshalb, trotzdem*

Das Zimmer war gut, *trotzdem* konnten wir uns kaum ausruhen.
Nachts bellten die Hunde *und* morgens kreischten die Papageien!

- • Hallo Tanja, wie war denn eure Reise?
- ○ Ach, frag mich lieber nicht! Ich hatte zwar drei Wochen Urlaub, aber ich bin immer noch müde und habe Kopfschmerzen!
- • Wieso denn das? Ihr wolltet doch ein schönes Ferienhaus am Meer mieten …
- ○ Wir waren nicht im Ferienhaus, sondern im Hotel. Die Häuser an der Küste waren zu teuer; deshalb mussten wir ein Hotelzimmer reservieren.
- • War das Zimmer denn so schlecht?
- ○ Das Zimmer war gut, trotzdem konnten wir uns kaum ausruhen. Wir konnten überhaupt nicht schlafen, denn unsere Zimmernachbarn haben jede Nacht laut gefeiert. Und dann noch die Tiere!
- • Hatten sie denn Hunde?
- ○ Da waren nicht nur Hunde, sondern sie hatten auch Katzen und Papageien, einen ganzen Zoo! Man hörte nachts das Bellen der Hunde und morgens kreischten die Papageien!
- • Wie schrecklich! Und hattet ihr wenigstens schönes Wetter?
- ○ Es war zwar sonnig, aber wir konnten nicht baden. Das Wasser war kalt und schmutzig!
- • Und was habt ihr dann tagsüber gemacht?
- ○ Wir sind spazieren gegangen oder haben am Strand geschlafen. Wir waren immer so müde!

I Funktionen

GRUND (*Warum?*)

Wir konnten kaum schlafen, *denn* unsere Zimmernachbarn waren laut.
Unsere Zimmernachbarn waren laut, *deshalb* konnten wir nicht schlafen.

GEGENSATZ/KONTRAST

Das Zimmer war gut, *aber* wir konnten uns kaum ausruhen.
Das Zimmer war gut, *trotzdem* konnten wir uns kaum ausruhen.

Wir waren nicht im Ferienhaus, sondern wir wohnten im Hotel.
Er kommt nicht aus Russland, sondern aus Polen.

nicht … sondern → WÖRTER DERSELBEN KATEGORIE:
im Ferienhaus ↔ *im Hotel* (Wohnen/Unterkunft)
aus Russland ↔ *aus Polen* (Land)

denn, deshalb, aber, trotzdem	→ verbinden SÄTZE
und, oder, sondern	→ verbinden SÄTZE oder WÖRTER (WORTGRUPPEN)
	Sie hatten Hunde, Katzen und Papageien.

sowohl ... als auch, nicht nur ... sondern auch, weder ... noch, entweder ... oder
Da waren nicht nur Hunde, sondern auch Katzen und Papageien!

Wir waren sowohl am Meer als auch in den Bergen. Wir waren nicht nur am Meer, sondern auch in den Bergen.	Meer + Berge +
Wir waren weder am Meer noch in den Bergen.	Meer – Berge –
Entweder bleiben wir am Meer oder wir fahren in die Berge! (Entweder wir bleiben ...)	Meer – Berge + ODER Meer + Berge – (Beides geht nicht!)

II Satzbau

Hauptsatz	+	Hauptsatz
Man *hörte* nachts das Bellen der Hunde	und	morgens *kreischten* die Papageien!
Es *war* zwar sonnig,	aber	wir *konnten* nicht baden.
Wir *sind* spazieren gegangen	oder	wir *haben* am Strand geschlafen.
Wir *konnten* kaum schlafen,	denn	die Nachbarn *waren* laut.
Da *waren* nicht nur Hunde,	sondern	sie *hatten* auch andere Tiere.
Die Ferienhäuser *waren* zu teuer;	deshalb	*haben* wir ein Hotelzimmer gebucht.
Das Zimmer *war* gut,	trotzdem	*konnten* wir uns kaum ausruhen.

1. Ergänzen Sie die Sätze mit *aber, denn, oder, sondern, und.*

1. Die Wohnung ist zwar schön, __________ sie hat keinen Balkon.
2. Ich habe die Wohnung nicht genommen, __________ ich fand die Miete zu hoch.
3. Sie hat gekocht __________ ihr Mann hat gespült.
4. Er fliegt nicht nach Spanien, __________ er macht eine Radtour durch Belgien.
5. Kommst du mit ins Kino, __________ möchtest du lieber zu Hause bleiben?

2. Ergänzen Sie den Dialog mit *aber, denn, oder, sondern, und.*

- Sollen wir auch Gregor zur Party einladen? Ihr kennt ihn doch gut!
- ○ Na ja, er spielt zwar in unserem Club, ________ ich kann nicht sagen, dass ich ihn gut kenne. Ich habe nur einmal ________ zweimal mit ihm gesprochen, ________ er redet fast nie.
- Ich finde ihn manchmal ein bisschen komisch, ________ er spielt immer mit der Sonnenbrille ________ zieht beim Training immer gelbe oder rote T-Shirts an.
- ○ Na und? Vielleicht findet er diese Farben schön!
- Kann sein, ________ wir tragen alle immer blau! Unsere Clubfarbe ist nicht gelb oder rot, ________ blau!
- ○ Hm, vielleicht ist er wirklich ein bisschen seltsam, ________ ich würde ihn gern besser kennenlernen. Soll ich ihn einladen ________ sagt ihr ihm morgen, dass er zur Party kommen soll?

3. *Denn* oder *deswegen, aber* oder *trotzdem*?

1. Wir konnten die Adresse nicht finden, ________ wir hatten keinen Stadtplan.
2. Ich kenne mich hier nicht aus, ________ konnte ich die Straße nicht finden.
3. Er ist Elektriker von Beruf, ________ hat er den Herd falsch angeschlossen.
4. Er hat zwar viele Bücher im Regal, ________ er hat noch nie ein Buch gelesen.
5. Seine Schwester heiratet heute, ________ ist er so aufgeregt.
6. Sie hat kaum geschlafen, ________ Kai hat die ganze Nacht im Schlaf gesprochen.

4. Welche Sprachen sprechen Niklas, Leo und Lena? Setzen Sie + oder –.

	Arabisch	Türkisch
1. Niklas kann sowohl Arabisch als auch Türkisch.		
2. Leo kann weder Arabisch noch Türkisch.		
3. Lena spricht nicht nur Arabisch, sondern auch Türkisch.		

5. Verbinden Sie mit *nicht nur ... sondern auch, weder ... noch, entweder ... oder.*

1. Er kann ________ schwimmen ________ tauchen, denn er war noch nie am Meer.
2. Ich kann nicht mehr warten, entscheide dich! ________ du kommst sofort mit ________ du bleibst zu Hause.
3. Für den Kurs brauchst du ________ ein Kursbuch, ________ ein Arbeitsbuch.

35 Hauptsatz + Nebensatz: *dass, ob, wann, warum …*

Er hat gesagt, *dass* ich ihn anrufen soll.
Wissen Sie, *ob* er morgen früh im Büro ist?

EIN TELEFONGESPRÄCH

● ABW Kundendienst, Bergmann am Apparat.
○ Guten Tag, hier spricht Anja Schulze. Könnten Sie mir bitte sagen, *ob* Herr Köhler noch im Büro ist? Er hat gesagt, *dass* ich ihn gegen 14 Uhr anrufen soll, aber ich hatte eine Sitzung.
● Ich glaube, *dass* er gerade ausgegangen ist. Aber warten Sie bitte einen Augenblick, ich sehe mal nach …
● Sind Sie noch am Apparat, Frau Schulze?
○ Ja?
● Meine Kollegin sagt, *dass* Herr Köhler zu seinen Kunden gefahren ist. Sie weiß nicht, *ob* er später wieder ins Büro kommt.
○ Ach, so. Wissen Sie vielleicht, *ob* ich ihn morgen früh im Büro erreichen kann?
● Ich kann Ihnen leider nicht genau sagen, *wann* er morgen ins Büro kommt, aber ich werde ihm auf jeden Fall ausrichten, *dass* er Sie zurückrufen soll.
○ Vielen Dank und auf Wiederhören.
● Auf Wiederhören.

I *dass*-Satz

Die Kollegin sagt / glaubt / meint …	Sie sagt, *dass* er bei seinen Kunden *ist*.
Es ist wichtig / möglich / schön …	Es ist wichtig, *dass* er mich *zurückruft*.
Ich bin sicher …	Ich bin sicher, *dass* er Sie zurückrufen *wird*.
Ich freue mich / Es tut mir leid …	Es tut mir leid, *dass* Sie umsonst *anrufen*.

II Indirekte Fragesätze (*Können Sie mir sagen …? Wissen Sie …?*)

JA/NEIN-FRAGEN (*Antwort*: JA *oder* NEIN)

(Ist er noch im Büro?)	Können Sie mir sagen, *ob* er noch im Büro *ist*?
(Hat er heute Abend Zeit?)	Wissen Sie, *ob* er heute Abend Zeit *hat*?

W-FRAGEN (*was, wo, wie, wann …*)

(*Wie* spät ist es?)	Wissen Sie, *wie* spät es *ist*?
(*Wann* kommt er zurück?)	Ich weiß nicht, *wann* er *zurückkommt.*

Sätze mit *dass, ob, wann* … sind **Nebensätze**. Das konjugierte Verb steht am **Ende**.

1. Ergänzen Sie den Dialog.

dass er heute erst um 11 Uhr kommt	◊	*dass Sie so lange warten müssen*
ob er schon in seinem Büro ist	◊	*wo sein neues Büro ist*

- Guten Tag, ich habe einen Termin mit Herrn Lehmann. Wissen Sie, ________ ____?
- ○ Herr Lehmann hat gerade angerufen und gesagt, ______________________ ________________________. Es tut mir leid, ______________________ ____.
- Kein Problem, ich habe Zeit. Können Sie mir noch sagen, ______________ ____?

2. *Einladung zum Konzert.* Ergänzen Sie (*dass* (2x), *ob* (2x), *wann, wo*).

Lieber Rinuzzo,

danke für deine Einladung! Ich finde es sehr nett, ________ du an mich gedacht hast. Leider kann ich dir noch nicht sagen, ________ ich morgen mitkommen kann. Morgen Nachmittag habe ich eine Prüfung und weiß noch nicht genau, ________ sie stattfinden soll und ________ sie endet. Ich verspreche dir aber, ________ ich dir spätestens bis heute Abend sagen werde, ________ ich morgen dabei bin.

Schöne Grüße

Boris

3. Wie lernt man eine Fremdsprache?

Marion:	„Man muss viel sprechen."
Tim:	„Man muss sehr viel lesen."
Lea:	„Regelmäßiges Lernen und Übungen sind sehr wichtig."
Boris:	„Man sollte zuerst gut Grammatik lernen."
Sara:	„Ist die Grammatik wirklich so wichtig?"

1. Marion meint, *dass man viel sprechen muss.*
2. Tim denkt, ____.
3. Lea ist der Meinung, ________________________________.
4. Boris findet, ______________________________________.
5. Aber Sara fragt sich, _______________________________.

4. Und was denken Sie?

Ich denke … Ich finde auch … Ich bin der Meinung … Ich glaube nicht … Ich weiß nicht …

____

____

____

____

____

5. *An der Hotelrezeption.* Stellen Sie Fragen.

Haben Sie noch freie Zimmer?	Wie viel kostet ein Einzelzimmer?
Wann gibt es Frühstück?	Soll ich sofort bezahlen?
Kann man im Zimmer fernsehen?	Wo kann ich telefonieren?

1. Ich wollte fragen, ______________________
2. Können Sie mir sagen, ______________________
3. Ich möchte auch wissen, ______________________
4. Ich würde noch gerne wissen, ______________________
5. Ich wollte noch fragen, ______________________
6. Können Sie mir noch sagen, ______________________

6. Fragen Sie.

1. Sie suchen den Fahrkartenschalter.
   Wissen Sie, wo der Fahrkartenschalter ist?
2. Sie wissen nicht, wo Sie unterschreiben sollen.
   Können Sie mir sagen, ______________________?
3. Sie suchen den Bahnhof.
   Wissen Sie, ______________________?
4. Sie möchten mit der Kreditkarte bezahlen.
   ______________________?
5. Sie haben keine Uhr.
   ______________________?

36 Hauptsatz + Nebensatz: *weil, da, wenn, obwohl, damit*

Er ist müde, *weil* er den ganzen Tag Stress hatte.
Er schläft immer ein, *wenn* diese Sendung im Fernsehen läuft.

- ● Schatz? ... Scha-atz!
- ○ ...
- ● Schatz, schläfst du denn wieder?
- ○ Wer, ich? Oh, ich bin wohl kurz eingeschlafen. Ich schlafe immer ein, wenn diese Sendung im Fernsehen läuft.
- ● Wieso bist du denn wieder so müde?
- ○ Weil ich ja den ganzen Tag Stress hatte!
- ● Du hattest Stress, obwohl du seit Montag Urlaub hast?
- ○ Ja klar! Ich habe ... ich habe die Blumen gegossen. Und dreimal die Katze gefüttert!
- ● Wozu fütterst du sie so oft? Du weißt doch, dass ich sie heute schon gefüttert habe.
- ○ Ich habe sie wieder gefüttert, damit sie mich endlich in Ruhe lässt. Wenn sie genug gefressen hat, liegt sie ruhig in der Ecke und miaut nicht die ganze Zeit. Nur so kann ich mich ausruhen.
- ● Ach, so. Aber jetzt musst du aufstehen, weil wir uns um halb zehn mit Tina und Peter treffen. Der Film beginnt um zehn Uhr.
- ○ Was, Kino?!? Nöö, heute nicht.
- ● Aber Tina hat doch schon die Karten gekauft ...
- ○ Ich komme nicht mit! Ich bleibe zu Hause, um mich endlich auszuruhen.

weil (da) Er ist müde, ***weil*** er den ganzen Tag Stress *hatte*.
Weil die Katze unruhig *ist*, muss er sie immer füttern.

weil/da (Nebensatz) ↔ *denn* und *deshalb/deswegen* (Hauptsatz) (→ 34)

Er ist müde, ***denn*** er *hatte* den ganzen Tag Stress.
Er hatte den ganzen Tag Stress, ***deshalb/deswegen*** *ist* er müde.

obwohl Er fühlt sich müde, ***obwohl*** er den ganzen Tag geschlafen *hat*.
Obwohl er nicht arbeiten *muss*, hat er viel Stress.

obwohl (Nebensatz) ↔ *aber, trotzdem* (Hauptsatz) (→ 34)

Er hat den ganzen Tag geschlafen, ***aber*** er *fühlt* sich müde.
Er hat den ganzen Tag geschlafen, ***trotzdem*** *fühlt* er sich müde.

wenn Ich schlafe jedes Mal ein, ***wenn*** diese Sendung *läuft*.
Wenn die Katze Hunger *hat*, ist sie immer unruhig.

damit Er füttert die Katze, ***damit*** sie ihn in Ruhe *lässt*.
Damit ihn keiner *stört*, schaltet er das Telefon aus.

damit oder *um ... zu*?

Er füttert die Katze, ***damit*** sie ihn in Ruhe *lässt*.
Er füttert die Katze, ***um*** endlich seine Ruhe ***zu*** haben.

VERSCHIEDENE SUBJEKTE IM HAUPTSATZ UND IM NEBENSATZ (er, Katze): *damit*

GLEICHES SUBJEKT IM HAUPTSATZ UND IM NEBENSATZ (er): *um ... zu / damit*

Sätze mit *weil, da, obwohl, wenn* und *damit* sind **Nebensätze**. Das konjugierte Verb steht am **Ende**.

Übungen

1. Ergänzen Sie die Sätze.

a) *weil* oder *obwohl*?

1. Dab Baby weint, ______________ es Hunger hat
   ______________ es schon gegessen hat.
   ______________ es unruhig ist.
2. Er ist müde, ______________ er den ganzen Tag im Bett gelegen hat.
   ______________ er heute viel Stress hatte.
   ______________ er heute viel zu tun hatte.

b) *deshalb* oder *trotzdem*?

1. Das Baby hat Hunger; ________________ weint es.
2. Das Baby hat schon gegessen; ________________ weint es.
3. Er war den ganzen Tag im Bett, ________________ ist er müde.
4. Er hatte heute viel zu tun; ________________ fühlt er sich müde.

2. Ergänzen Sie den Dialog (*weil, obwohl, deshalb, trotzdem, denn*).

- Herr Vogel, Sie kommen ja wieder erst um 12 Uhr ins Büro, ____________ Sie wissen, dass wir um 8 Uhr anfangen!
- ○ Ich bitte um Entschuldigung, Herr Bayer! Tobias ging es nicht gut, ________ komme ich erst jetzt.
- Sie kommen also so spät, ___________ es Tobias nicht gut ging? Wer ist denn Tobias?
- ○ Tobias ist mein Papagei. Im Winter ist er oft traurig und möchte nicht allein sein, __________ muss ich manchmal zu Hause bleiben und mit ihm sprechen.
- Sie sind also erst um 12 gekommen, _____________ Ihr Papagei traurig war? Oder habe ich etwas falsch verstanden? Sie sind gesund, sogar Ihr Papagei ist gesund, ___________ kommen Sie erst kurz vor der Mittagspause ins Büro?
- ○ Sie haben es richtig verstanden. Oder besser: Manchmal bleibe ich zu Hause wegen des Papageis, aber manchmal auch wegen meiner Goldfische, ____________ Nemo und Andy können auch mal traurig sein und Gesellschaft brauchen!

3. Ergänzen Sie die Sätze (*wenn, damit, um ... zu*).

1. Er spricht leise, _____________ die Oma nicht aufwacht.
2. ______________ sie ihre Tochter von der Schule abholt, kommt Melanie erst um 19 Uhr nach Hause.
3. Warum machst du das Licht aus? – _____________ schneller einzuschlafen.
4. Sie schaltet das Licht aus, _____________ ihr Sohn einschlafen kann.
5. Wozu brauchst du den Staubsauger? – Um mein Zimmer sauber ____________ machen.
6. _____________ ich hier einkaufe, bezahle ich immer mit der EC-Karte.
7. Warum hast du den Herd angemacht? – Um die Suppe warm ____________ machen.

4. Wohin gehen Sie, ...

1. ... wenn Sie Eis essen möchten?
   Wenn ich Eis essen möchte, gehe ich in die Eisdiele.
2. ... wenn Sie Zahnschmerzen haben?
   ______________________________________, gehe ich zum Zahnarzt.
3. ... wenn Sie eine Reise buchen wollen?
   ______________________________________, gehe ich ins Reisebüro.
4. ... wenn Sie Schuhe kaufen wollen? (ins Schuhgeschäft)
   Wenn ich Schuhe kaufen will, ______________________________

Als sie sich kennenlernten, waren sie erst zwanzig.
Seitdem er in Köln lebt, hat er ein paar Pfund zugenommen.

Charlotte und Rinuzzo sind seit sechs Jahren verheiratet. Als sie sich kennenlernten, waren sie beide erst 20. Charlotte machte gerade Urlaub in Italien, in Rinuzzos Heimatort Salerno. Tagsüber badete sie am Strand, während Rinuzzo in der Nähe in einer Eisdiele arbeitete, um etwas Geld für sein Studium zu verdienen.

Als er sie zum ersten Mal sah, ließ er ein Tablett mit drei großen Portionen Eis zu Boden fallen und beschmutzte dabei alles mit Eis: die Tischdecke, Charlottes schöne, neue Sonnenbrille und sogar ihren kleinen Hund. Charlotte fand den jungen Mann trotzdem sehr sympathisch und seit diesem Tag trafen sie sich jeden Tag: Charlotte wartete, bis Rinuzzo fertig mit der Arbeit war, und dann gingen sie zusammen spazieren oder eine Kleinigkeit essen.

Im September musste Charlotte wegen ihres Studiums wieder nach Frankreich zurück. Während sie in Paris studierte, konnten sie sich nur selten sehen: in den Sommerferien, an Weihnachten und an Ostern. Doch nachdem Charlotte ihr Studium abgeschlossen hatte, zog sie zu Rinuzzo nach Italien. Bald wurde auch die Hochzeit gefeiert. Als ihr Sohn Philip vier Jahre alt wurde, gingen sie alle zusammen nach Deutschland, da Rinuzzo dort bessere berufliche Chancen hatte. Doch nachdem sie in Köln angekommen waren, wurde Rinuzzo klar, dass er ohne Deutschkenntnisse nicht arbeiten konnte. Auch Charlotte musste gut Deutsch lernen, bevor sie als Französischlehrerin arbeiten konnte. Der kleine Philip fand Deutschland von Anfang an sehr interessant, besonders das Schokoladenmuseum in Köln. Seitdem er in Köln lebt, hat er vielleicht sogar ein paar Pfund zugenommen.

als Als sie sich *kennenlernten*, waren sie beide erst 20.
Rinuzzo arbeitete in der Eisdiele, als er sie zum ersten Mal *sah*.

wenn oder *als*?

Als ich *gestern* aufgestanden bin, konnte ich meine Zahnbürste nicht finden.
Wenn er *morgens* aufsteht, sucht er immer seine Brille.
als: EINMAL PASSIERT! *(gestern beim Aufstehen)*
wenn: WIEDERHOLUNG/PASSIERT IMMER WIEDER! *(immer, jedes Mal …)*

während Während Charlotte in Paris *studierte*, konnten sie sich selten sehen.
Sie las oder badete am Strand, während er in der Eisdiele *arbeitete*.

nachdem Sie zog nach Italien, nachdem sie ihr Studium abgeschlossen *hatte*.
Erst nachdem ich gut Deutsch gelernt *habe*, kann ich hier arbeiten.

ZEITENFOLGE:	HAUPTSATZ: PRÄTERITUM	→	NEBENSATZ: PLUSQUAMPERFEKT
	HAUPTSATZ: PRÄSENS	→	NEBENSATZ: PERFEKT

bevor Bevor sie nach Deutschland *kamen*, konnten sie kein Deutsch.
Charlotte musste gut Deutsch lernen, bevor sie als Französischlehrerin arbeiten *konnte*.

bis Charlotte wartete, bis Rinuzzo fertig mit der Arbeit *war*.
Bis ich hier arbeiten *kann*, wird bestimmt noch viel Zeit vergehen.

seitdem (seit) Philip hat ein paar Pfund zugenommen, seitdem/seit er in Köln *lebt*.
Seitdem/seit sie in Köln *ist*, besucht sie einen Deutschkurs.

Sätze mit *als, während* … sind **Nebensätze**. Das konjugierte Verb steht am **Ende**.

Übungen

1. Ein ganz normaler Morgen.

Ergänzen Sie mit *während, nachdem* oder *bevor*.

1. ___________ der Wecker geklingelt hat, steht Charlotte auf und zieht sich an.
   ___________ sie sich anzieht, hört sie Radio.
2. ___________ sich Charlotte im Wohnzimmer fertig macht, liegt Rinuzzo im Bett.
   ___________ der Wecker noch dreimal geklingelt hat, steht er endlich auf.
3. ___________ er seinen Sohn weckt, macht Rinuzzo das Frühstück. Dann geht er ins Kinderzimmer und sagt: Philip, wach auf, das Frühstück ist fertig!
4. ___________ sie frühstücken, sprechen sie manchmal Deutsch.
5. ___________ Charlotte und Rinuzzo in die Sprachenschule fahren, bringen sie ihren Sohn in den Kindergarten.

2. Beim Frühstück. *Seitdem (seit)* oder *bis*?

C: Schatz, wir müssen los, es ist Viertel nach acht! Ich gehe schon in die Garage und warte dann im Wagen, ________ ihr fertig seid.

R: Ich komme mit; bitte warte nur, ________ ich meinen Kaffee ausgetrunken habe.

C: Das ist schon der dritte! Du trinkst zu viel Kaffee, ________ wir in Deutschland sind!

R: Du hast Recht. ________ ich hier bin, kann ich morgens einfach nicht aufstehen; es ist immer so dunkel!

3. *Wenn* oder *als*?

1. Jedes Mal, ________ er uns besucht, versteckt sich unsere Katze unter dem Bett. Doch ________ er heute an der Tür klingelte, kletterte sie auf einen Baum und wollte nicht mehr herunterkommen. Sie sitzt immer noch im Baum!

2. • Warum nimmst du nicht dein Fahrrad, ________ du einkaufen gehst?
   ○ Es ist kaputt. Ich habe es überfahren, ________ ich gestern mit dem Auto aus der Garage fuhr.
   • Das ist aber schade! Immer ________ du deinen Wagen nimmst, passiert ein Unfall.

4. Ergänzen Sie den Text (*als, bevor, bis, nachdem, seitdem, während*).

Rinuzzo hat etwas Seltsames erlebt, __________ er gestern in der Innenstadt war. __________ er seinen Sohn zur Musikschule gebracht hatte, ging er im Zentrum spazieren. __________ er an einer Pizzeria vorbeikam, bekam er plötzlich große Lust auf Pizza. Aber dann dachte er gleich: „__________ ich in Deutschland bin, habe ich noch keine richtige Pizza gegessen! Vielleicht sollte ich lieber warten, __________ ich wieder in Italien bin.“ Da er großen Hunger hatte, ging er trotzdem hinein und bestellte eine Pizza Napoletana. __________ er aß, beobachtete er durch das Fenster die Menschen, die vorbeigingen. Plötzlich erblickte er seine Kollegin Fatma, die er im Deutschunterricht kennengelernt hatte. Rinuzzo wollte ihr kurz „Hallo“ sagen, und so stand er auf und ging kurz aus der Pizzeria, __________ er mit seiner Pizza fertig war. Und stellen Sie sich vor, was er sah, __________ er wieder hineinging! Da saß ein Mann an seinem Tisch und aß seine Pizza!

38 Relativsatz

Wer ist der junge Mann, *den* du gerade gegrüßt *hast*?

- Wie heißt denn der junge Mann, ***den** du gerade gegrüßt hast*?
- Das ist doch Boris, der Student aus Russland, ***der** mit uns die A1-Prüfung gemacht hat*!
- Ach, ja, der Mathematikstudent, ***dem** ich meine Grammatik geliehen habe*.
- Nein, ich glaube, du hast sie dem Argentinier geliehen, ***mit dem** wir letzte Woche Döner gegessen haben*.

Relativpronomen im Nominativ (*der, die, das*; Pl. *die*)

Das ist der Student aus Russland. **Er** hat mit uns die A1-Prüfung gemacht.
Das ist der Student aus Russland, **der** mit uns die A1-Prüfung gemacht *hat*.

m.	Das ist der Student,	**der** mit uns die A1-Prüfung gemacht *hat*.
f.	Das ist die Studentin,	**die** mit uns die A1-Prüfung gemacht *hat*.
n.	Das ist das Kind,	**das** oft mit unserem Sohn *spielt*.
Pl.	Hier sind die Kursteilnehmer,	**die** den Test bestanden *haben*.

Relativpronomen im Akkusativ (*den, die, das*; Pl. *die*)

Wie heißt der Student aus Russland? Du hast **ihn** gerade gegrüßt.
Wie heißt der Student aus Russland, **den** du gerade gegrüßt *hast*?

m.	Wie heißt der Student,	**den** du gegrüßt *hast*?
f.	Ist das die Studentin,	**die** wir immer in der Bäckerei *treffen*?
n.	Das ist das Mädchen,	**das** wir gestern gesehen *haben*.
Pl.	Das sind die Studenten,	**die** wir schon lange *kennen*.

Relativpronomen im Dativ (*dem, der, dem*; Pl. *denen*)

Das ist der Student aus Argentinien. Du hast **ihm** dein Buch geliehen.
Das ist der Student aus Argentinien, **dem** du dein Buch geliehen *hast*.

m.	Ist das der Student,	**dem** du dein Buch geliehen *hast*?
f.	Das ist die Frau,	**der** ich beim Umzug geholfen *habe*.
n.	Das ist das Kind,	**dem** wir einen Ball geschenkt *haben*.
Pl.	Das sind die Kollegen,	**denen** ich meine alten Bücher geben *möchte*.

Relativpronomen im Genitiv (*dessen, deren, dessen,* Pl. *deren*)

→ meistens in der SCHRIFTSPRACHE

der Kollege, **dessen** Vertrag verlängert werden soll
die Kollegin, **deren** Büro noch nicht geputzt wurde

Präposition + Relativpronomen

Das ist der Argentinier, *mit* **dem** wir gegessen *haben*. (Wir haben *mit* **ihm** gegessen.)
Das ist der Mann, *über* **den** wir gesprochen *haben*. (Wir haben *über* **ihn** gesprochen.)
Hier sind viele Leute, *an* **die** ich mich noch *erinnere*. (Ich erinnere mich noch *an* **sie**.)

Relativsätze mit *wo* und *was*

Wir waren wieder im Restaurant, **wo** wir letzten Sommer gegessen *haben*. (= in dem)
Kennst du das Land, **wo** die Zitronen *blühen*? (Goethe)

Da ist noch *etwas*, **was** ich dir sagen *wollte*.
Alles, **was** er mir gesagt *hat*, war falsch.
Ich habe im Seminar *nichts* gehört, **was** für meinen Beruf interessant sein *könnte*.

Relativsätze sind **Nebensätze**. Das konjugierte Verb steht am **Ende**.

Übungen

1. Verbinden Sie die Sätze.

1. Ist das der Student,	a) die an unserer Schule unterrichten.
2. Ich glaube, das ist die Frau,	b) das im Sandkasten sitzt?
3. Wie heißt das Mädchen,	c) die im Sekretariat arbeitet.
4. Wie heißt der japanische Film,	d) der gerade im Kino Europa läuft?
5. Das sind die Lehrerinnen,	e) der in 20 Sprachen übersetzt wurde.
6. Er sprach über einen Roman,	f) den du mir vor ein paar Tagen vorgestellt hast?

2. Stellen Sie Fragen.

a) *Ist das der spanische Film, …*

der seit Dienstag läuft? ____________ (*Er läuft seit Dienstag.*)
den ____________ (*Du wolltest ihn sehen.*)
____________ (*Du möchtest ihn kaufen.*)
____________ (*Lisa hat ihn gesehen.*)
____________ (*Er hat einen Oskar bekommen.*)
____________ (*Peter fand ihn langweilig.*)

b) *Wie heißt die Frau, ...*

________________________________ *(Sie hat gerade angerufen.)*

________________________________ *(Wir haben sie im Kino gesehen.)*

________________________________ *(Du hast ihr das Fax geschickt.)*

________________________________ *(Sie ist gerade ausgegangen.)*

________________________________ *(Du hast ihr beim Umzug geholfen.)*

________________________________ *(Wir haben sie bei Tom kennengelernt.)*

3. Ergänzen Sie den Dialog mit Relativpronomen und Präpositionen.

- Deine Kollegin wirkt sehr sympathisch.
- ○ Welche meinst du denn? Die junge Frau, _mit_ _der_ du gestern gesprochen hast, oder die Dame, ________ ich gerade die Formulare gegeben habe?
- Nein, ich meine die Frau, ________ ________ du im Büro arbeitest.
- ○ Ich teile mir das Büro mit drei Frauen: Mit Petra, ________ ich dir gestern vorgestellt habe, mit Katja, ________ ________ ich dir schon viel erzählt habe, und mit meiner Vorgesetzten Tina, ________ du bei der letzten Sitzung kennengelernt hast.
- Eigentlich wirken sie alle sehr freundlich, aber Petra finde ich besonders nett.

4. Ergänzen Sie die Sätze (Relativpronomen, Präpositionen, *wo, was*)

1. Susanne möchte ein Bügeleisen haben, ________ alleine bügelt.
2. Michael sucht nach Blumen, ________ man nie gießen muss.
3. Philip wünscht sich einen Onkel, ________ ihm immer etwas schenkt, ________ man essen kann, zum Beispiel Schokolade oder Gummibonbons.
4. Rinuzzo sucht seit Monaten nach einer Pizzeria, ________ die Pizza wie in seiner Heimat schmeckt.
5. Ich suche jemanden, ________ weiß, ________ dieses Wort bedeutet.
6. Lisa hätte gern eine Freundin, ________ ________ sie über alles sprechen kann.
7. Thomas wäre gern an einem Ort, ________ er alles tun kann, ________ er will.
8. Leon möchte einen Freund haben, ________ ________ er jeden Tag Tennis spielen kann.

5. Schreiben Sie:

1. Ich hätte gern einen Computer, der/den ________________________
2. Ich würde gern an einen Ort reisen, wo ________________________
3. Er hat mir etwas gesagt, was ________________________

- Gehen wir am Abend tanzen?
- ○ Ich kann nicht mitkommen, ich hatte heute eine Zahnoperation. Der Zahnarzt hat mir empfohlen, zu Hause zu bleiben und mich auszuruhen. Hast du Feuer?
- Vielleicht solltest du heute nicht rauchen!
- ○ Ich habe heute nur zwei Zigaretten geraucht. Außerdem habe ich vor, bald mit dem Rauchen aufzuhören.
- Wirklich? Und wann hörst du auf zu rauchen?
- ○ Vielleicht schon am Montag. Aber ich weiß noch nicht, ob ich wirklich aufhören kann. Ich *versuche* nur aufzuhören!
- Ach so …

I Infinitiv mit oder ohne *zu*?

a) Infinitiv ohne *zu*:

– *Modalverben*	Ich *kann* nicht mitkommen. Du *solltest* weniger rauchen.
– *gehen, fahren*	*Gehen* wir morgen Abend tanzen? Ich *fahre* einkaufen.
– *hören, sehen*	Wir *hören* die Kinder singen. Ich *sah* sie weinen.
– *lassen*	Ich *lasse* meinen Wagen reparieren.

b) Infinitiv mit *zu*:

– alle anderen Verben (z.B. *anfangen, aufhören, empfehlen, raten, versuchen …*)

Er hat angefangen, Deutsch zu lernen.
Sie hat aufgehört zu rauchen.
Der Arzt hat ihm empfohlen, zu Hause zu bleiben.
Ich rate dir, weniger zu rauchen.
Ich habe versucht, Sie telefonisch zu erreichen.
Sie hat vor, morgen Abend in die Disco zu gehen.
Es ist nicht erlaubt, hier zu parken.
Es ist schön, lange im Bett zu bleiben.
Sie findet es langweilig, am Strand zu liegen.

Trennbare Verben:

Der Arzt hat ihm empfohlen, sich auszuruhen.
Ich habe vor, meine Wohnung aufzuräumen.

II *dass*-Sätze und Infinitivkonstruktionen

<u>*Ich*</u> freue mich, dass <u>*ich*</u> dir helfen kann. → Ich freue mich, dir helfen zu können.
Subjekt des Hauptsatzes = Subjekt des Nebensatzes (ich)

Ich rate <u>*dir*</u>, dass <u>*du*</u> den Wagen verkaufst. → Ich rate dir, den Wagen zu verkaufen.
Dativ-/Akkusativergänzung im Hauptsatz = Subjekt des Nebensatzes (du)

III *um ... zu* → Kap. 36

Übungen

1. Infinitiv mit oder ohne *zu*?

1. Ich gehe heute Nachmittag __________ schwimmen.
2. Er hat es nicht geschafft, die Prüfung __________ bestehen.
3. Ich finde es anstrengend, Briefe __________ schreiben.
4. Sie hörte den Bus __________ kommen.
5. Ich habe versucht, Sie telefonisch __________ erreichen.
6. Ich lasse mein Fahrrad __________ reparieren.
7. Es ist ihm immer noch nicht gelungen, den Wagen __________ reparieren.
8. Sie hat vor, ins Ausland __________ gehen.
9. Es ist nicht erlaubt, in der Bibliothek __________ essen.
10. Ich kann den Koffer auch allein __________ tragen.

2. Bilden Sie Sätze nach dem Muster.

a)

1. Hier ist das Parken nicht erlaubt. → *Es ist nicht erlaubt, hier zu parken.*
2. Zu viel Kaffee ist ungesund. → *Es ist ungesund, ...*
3. Sprechen mit vollem Mund ist unhöflich. → *Es ist ...*
4. Das Rauchen ist im Wartezimmer verboten. → *Es ist ...*

b)

1. Wann hört er endlich mit dem Singen auf?
   → *Wann hört er endlich auf zu singen?*
2. Wann fängst du mit der Arbeit an?
   → *Wann fängst du an ...*

3. Bitte hört doch auf mit dem Streit!
   → *Bitte …*
4. In welchem Alter beginnen Kinder mit dem Sprechen?
   → *In welchem Alter …*

3. Schreiben Sie Infinitivsätze:

Urlaub machen – in der Sonne liegen – Musik hören – aufräumen – gut Deutsch lernen – Grammatikübungen machen – eine gute Arbeit finden/haben – ohne Fahrkarte fahren – morgens gut frühstücken – viel Alkohol trinken – Krimis lesen – lange im Bett liegen – am Computer spielen – einen Beruf erlernen

1. Ich finde es schön, ______________________________
2. Es ist interessant/spannend, ______________________________
3. Ich finde es langweilig, ______________________________
4. Es ist schwer, ______________________________
5. Es ist für mich wichtig, ______________________________
6. In meiner Heimat ist es üblich/nicht üblich, ______________________________
7. Es nicht erlaubt, ______________________________

4. Schreiben Sie Sätze ohne *dass*.

1. Ich rate dir, dass du ihn nochmals anrufst.
   → *Ich rate dir, ihn nochmals anzurufen.*
2. Ich freue mich, dass ich dich wiedersehe.
   → *Ich freue mich, dich …*
3. Ich hoffe, dass ich bald eine Arbeit finde.
   →
4. Ich rate dir, dass du mit dem Rauchen aufhörst.
   →
5. Ich empfehle Ihnen, dass Sie die Rechnung schnell bezahlen.
   →
6. Ich erlaube Ihnen nicht, dass Sie so mit mir sprechen!
   →
7. Ich empfehle Ihnen, dass Sie das Paket sofort abschicken.
   →

40 Wortbildung und Zahlwörter

Tisch + Lampe → Tischlampe, schön + -heit → Schönheit
der erste, der zweite, der dritte …; einmal, zweimal, dreimal …

I Tisch + Lampe → Tischlampe

NOMEN + NOMEN

die Tisch*lampe*	=	die *Lampe*, die auf den Tisch gehört
die Sonnen*creme*	=	die *Creme*, die vor der Sonne schützt
der Mathematik*lehrer*	=	der *Lehrer*, der Mathematik unterrichtet
das Schuh*geschäft*	=	das *Geschäft*, in dem Schuhe verkauft werden

GENUS: der Tisch + *die Lampe* = *die* Tisch*lampe*

VERB/ADJEKTIV + NOMEN

die Wasch*maschine*	=	die *Maschine*, die die Wäsche *wäscht*
das Lade*gerät*	=	das *Gerät*, mit dem man Batterien (*auf*)*laden* kann
der Groß*buchstabe*	=	der *Buchstabe*, den man *groß* schreibt

ADJEKTIV/NOMEN + VERB: *Recht haben, Rad fahren, kalt stellen, warm machen*

Beachten Sie!

Die Bedeutung kann man *nicht immer* aufgrund der Bedeutung der Wortteile verstehen:

der Schwarzfahrer = der Passagier ohne Fahrkarte
blau machen = nicht arbeiten
die Kaltmiete = die Miete ohne Nebenkosten

II un + höflich → unhöflich

BEISPIELE FÜR PRÄFIXE (VORSILBEN)

negative Bedeutung:	**un-** (*unglaublich, unhöflich, unglücklich, Unglück …*)
	in- (*inoffiziell, instabil, inkompetent, Inkompetenz …*)
	miss- (*missverstehen, Missverständnis …*)
Entfernung:	**weg-** (*weggehen, wegfahren*)
	fort- (*fortgehen, fortlaufen*)
Anfang der Bewegung, Entfernung/Trennung:	**los-** (*losgehen, losfahren, loslassen*)
Wiederholung:	**wieder-** (*wiedersehen, wiederkommen, Wiederholung*)
kaputt machen:	**zer-** (*zerbrechen, zerschlagen, zerreißen, zerfallen, Zerfall …*)

III schön + heit → Schönheit

BEISPIELE FÜR SUFFIXE (ENDSILBEN)

nur Adjektive:	**-isch** (*arabisch, chinesisch, dynamisch, neidisch ...*)
	-lich (*ehrlich, freundlich, glücklich, höflich, jugendlich ...*)
	-ig (*eifersüchtig, farbig, fleißig, mutig, witzig, wolkig ...*)
	-arm (*koffeinarm: mit wenig Koffein, wasserarm: mit wenig Wasser*)
	-reich (*erfolgreich: mit viel Erfolg, kinderreich: mit vielen Kindern*)
	-los, -frei (*kinderlos: ohne Kinder, zuckerfrei: ohne Zucker*)
nur Nomen:	**-ung** (*bewegen → die Bewegung, wohnen → die Wohnung*)
	-ion (*kommunizieren → die Kommunikation, organisieren → die Organisation*)
	-heit/-keit (*schön → die Schönheit, wichtig → die Wichtigkeit*)
	-schaft (*Freund → die Freundschaft, Wissen → die Wissenschaft*)
	-chen/-lein („klein"; *Katze → das Kätzchen, Tisch → das Tischlein*)

IV *Am dritten Mai, Viertel nach acht, zweimal klopfen ...* Zahlen

- Wir sehen uns also am *dritten* Mai um *Viertel* nach acht.
- Ich werde wie immer *zweimal* klopfen ...

(1–19)	(3–19)	(1–...)
der **erste** Februar		ein**mal** (1x)
der zwei**te** April		zweimal (2x)
das **dritte** Mal	ein Drit**tel** (1/3)	dreimal (3x)
der vierte Juli	ein Viertel (1/4)	viermal (4x)
der fünfte Tag	ein Fünftel (1/5)	fünfmal (5x)
der sechste Monat	ein Sechstel (1/6)	sechsmal (6x)
das **siebte** Jahr	ein Siebtel (1/7)	siebenmal (7x)
...	...	...
der neunzehnte Mai	ein neunzehntel (1/19)	
(ab 20)	(ab 20)	
der zwanzig**ste** März	ein Zwanzig**stel** (1/20)	
...	...	
das hundertste Mal	ein Hundertstel (1/100)	
...	...	
der tausendste Versuch	ein Tausendstel (1/1000)	
...	...	

1. *Herr* oder *Fahrrad*? Was ist richtig?

1. Ein *Herrenfahrrad* ist — a) ein *Herr* auf dem Fahrrad, b) ein *Fahrrad* für Herren.
2. *Kinderwagen* bedeutet — a) *Kinder* im Wagen, b) *Wagen* für Kinder.
3. Eine *Gartenblume* ist — a) eine Blume, die im *Garten* wächst, b) ein Garten mit *Blumen*.
4. *Blumengarten* bedeutet — a) *Blumen* in einem Garten, b) *Garten* mit Blumen.

2. Was ist auf dem Bild?

Brille – Damen – Händler – Kinder – Obst und Gemüse – ~~Obst- und Gemüsestand~~
Schuh – Sonne – Wagen

1. *der Obst- und Gemüsestand*
2. ______
3. ______
4. ______
5. ______

3. Bilden Sie die Adjektive mit *in-, un-, -los, -reich, -lich, -ig* und *-isch*.

1. ein Mensch, der nicht *zufrieden* ist	ein *unzufriedener* Mensch
2. eine Familie mit vielen *Kindern*	eine *kinder*______ Familie
3. Menschen, die keine *Arbeit* finden	A______
4. ein Restaurant mit Spezialitäten aus *Japan*	ein ______ Restaurant
5. ein Paar ohne *Kinder*	ein ______ Paar
6. ein Mann, der viel *Erfolg* hat	ein ______ Mann
7. ein Himmel voller *Wolken*	ein ______ Himmel
8. Mitarbeiter, die nicht *kompetent* sind	______ Mitarbeiter
9. ein Mensch, der sich nicht *glücklich* fühlt	ein ______ Mensch

4. Bilden Sie Nomen (*-heit/-keit, -ung, -ion*) und Adjektive.

1.	frei	*die Freiheit*	9.	herstellen	________
2.	bezahlen	________	10.	________	die Freundlichkeit
3.	________	die Sauberkeit	11.	reinigen	________
4.	schön	________	12.	________	die Wärme
5.	________	die Größe	13.	________	die Länge
6.	rechnen	________	14.	kommunizieren	________
7.	produzieren	________	15.	________	die Möglichkeit
8.	________	der Fleiß	16.	bestellen	________

5. *Dritter/dritte/drittes, Drittel* oder *dreimal*?

1. ● Ist heute der ______ November?
   ○ Das hast du mich schon ______ gefragt.
2. ● Schatz, das ist dein ______ Bier, und du bestellst schon ein neues!
   ○ Das stimmt, aber du hast von jedem mindestens ein ______ getrunken.
3. Deine ______ Ex-Frau hat heute schon ______ angerufen.
4. ● Zwei ______ der Mitarbeiter haben den Chef der Firma nie gesehen.
   ○ Das wundert mich nicht. Er ist schon der ______ Chef in diesem Jahr.
5. Nehmen Sie diese Tabletten ______ täglich.

6. Schreiben Sie die Zahlen.

1. Wann fliegt ihr nach Portugal, am ______ (10.) oder am ______ (20.) Juli? – Ich glaube, erst am ______ (27.).
2. Der ______ (1.) Mai ist ein Mittwoch.
3. Vom ______ (30.) März bis zum ______ (7.) April ist das Geschäft geschlossen.
4. Wann sind Ihre Kinder geboren? – Meine Tochter ist am ______ (17.) März geboren und mein Sohn am ______ (31.) Januar.

Wiederholung VII: Satzkonnektoren

Ergänzen Sie den Text.

Inge ist 29 Jahre alt _und_ wohnt in Berlin. Sie hat Englisch und Spanisch studiert, aber sie spricht auch sehr gut Französisch, __________ sie sechs Jahre in Frankreich gelebt hat. __________ sie 12 Jahre alt war, zog die Familie nach Paris, da die Mutter dort eine gute Arbeitsstelle gefunden hatte. Sie blieben in Frankreich, __________ Inge und ihr Bruder ihre Abiturprüfung machten. Dann kehrte die Familie nach Deutschland zurück, __________ die Kinder wollten unbedingt in Berlin studieren.

als
bis
~~*und*~~
denn
weil

__________ sie ihr Studium abgeschlossen hatte, machte Inge zuerst ein Praktikum als Fremdsprachenkorrespondentin. Dann war sie Praktikantin bei einer Firma, __________ sich mit Export von Haushaltsgeräten beschäftigte. Am Anfang hatte Inge kaum Erfahrung und wusste sehr wenig über den internationalen Handel, __________ hat sie sich schnell eingearbeitet und konnte bald alle Aufgaben erledigen. Außerdem machte sie diese Arbeit sehr gern und fand auch die Menschen, mit __________ sie zusammenarbeitete, sehr nett. Eines Tages sagte sie ihrem Vorgesetzten, __________ sie nach ihrem Praktikum sehr gern bei der Firma bleiben würde. Sie wollte auch wissen, __________ sie Chancen auf eine Arbeitsstelle hatte. Ihr Vorgesetzter freute sich zwar, dass sie ihre Arbeit bei der Firma so interessant fand, __________ er meinte auch: „Ich kann Ihnen leider noch nichts Verbindliches sagen, __________ ich muss zuerst mit dem Abteilungsleiter sprechen. Vielleicht warten wir lieber ab, __________ Sie Ihr Praktikum absolviert haben.“

trotzdem
nachdem
ob
aber
denn
bis
dass
die
denen

__________ das Praktikum zu Ende war, stellte die Firma einen neuen Praktikanten ein, __________ die Arbeit von Inge übernehmen sollte. Und Inge schrieb viele Bewerbungen, __________ möglichst schnell eine Arbeit zu finden. Einige Wochen später bekam sie ein neues Praktikumangebot als Fremdsprachenkorrespondentin: Das Unternehmen, bei __________ sie sich um eine Arbeitsstelle beworben hatte, schrieb ihr: *Leider ist die Stelle, für __________ Sie sich interessieren, nicht mehr frei; aber wir würden uns sehr freuen, __________ Sie unser Praktikumangebot annehmen würden.* Inge überlegte: „Ich habe doch schon ein Praktikum als Fremdsprachenkorrespondentin gemacht! __________ ich mein Studium abgeschlossen habe, finde ich nur Praktikumstellen! Aber ich brauche keine Praktika, __________ ich möchte eine *richtige* Arbeitsstelle finden! Ich muss doch auch Geld verdienen ... Vielleicht habe ich mehr Glück, wenn ich mich __________ in Berlin bewerbe, sondern auch versuche, in einer anderen Stadt Arbeit zu finden! Ich frage mich nur, __________ mein Freund dazu sagen wird!“

als
um
wenn
sondern
seitdem
nicht nur
was
der
die
dem

Unregelmäßige Verben (Auswahl)

INFINITIV	PRÄSENS: 3. PERS. SG.	PRÄTERITUM	PARTIZIP II	BEISPIEL
beginnen		begann	begonnen	*Der Kurs hat am Montag begonnen.*
bieten		bot	geboten	*Er hat mir eine Tasse Tee angeboten.*
bitten		bat	gebeten	*Sie bat mich wieder um Hilfe.*
bleiben		blieb	geblieben (ist)	*Er blieb den ganzen Tag zu Hause.*
brechen	er bricht	brach	gebrochen (ist/hat)	*Das Fenster ist zerbrochen.* *Kai hat das Fenster zerbrochen.**
brennen		brannte	gebrannt	*Das Kind hat sich mit Feuer am Finger verbrannt.*
bringen		brachte	gebracht	*Ich habe Kuchen mitgebracht!*
denken		dachte	gedacht	*Ich habe oft an dich gedacht.*
empfehlen	er empfiehlt	empfahl	empfohlen	*Ich empfehle Ihnen, weniger zu essen.*
entscheiden		entschied	entschieden	*Du musst entscheiden, ob du in Bonn oder in Köln studieren willst.*
essen	er isst	aß	gegessen	*Die Kinder aßen in der Küche.*
fahren	er fährt	fuhr	gefahren (ist/hat)	*Er ist nach Nürnberg gefahren.* *Er hat einen schönen Wagen gefahren.**
fallen	er fällt	fiel	gefallen (ist)	*Sie ist vom Fahrrad gefallen.* ABER! Verb *gefallen:* *Das Buch hat mir gut gefallen.*
fangen	er fängt	fing	gefangen	*Die Katze hat eine Maus gefangen.*
finden		fand	gefunden	*Findest du deine Brille nicht?*
fliegen		flog	geflogen (ist/hat)	*Wir sind nach Japan geflogen.* *Der Pilot hat ein neues Flugzeug geflogen.**
fliehen		floh	geflohen (ist)	*Die Katze ist vor dem Hund geflohen.*
fließen		floss	geflossen (ist)	*Welcher Fluss fließt durch Dresden?*

* **Akkusativergänzung** (*Kai hat das Fenster zerbrochen. Er hat einen schönen Wagen gefahren. Der Pilot hat ein neues Flugzeug geflogen.*) → *Perfekt mit „haben"*

INFINITIV	PRÄSENS: 3. PERS. SG.	PRÄTERITUM	PARTIZIP II	BEISPIEL
geben	er gibt	gab	gegeben	*Gibst du mir mal dein Wörterbuch?*
gehen		ging	gegangen (ist)	*Er ist nach Hause gegangen.* *Die Zeit ist so schnell vergangen!*
gelingen		gelang	gelungen (ist)	*Dieses Foto ist mir nicht so gut gelungen, es ist zu dunkel.*
gelten	er gilt	galt	gegolten	*Diese Regel gilt hier nicht.*
genießen		genoss	genossen	*Endlich können wir unseren Urlaub genießen!*
geschehen	es geschieht	geschah	geschehen	*Er ist weg und keiner weiß, was mit ihm geschehen ist.*
gewinnen		gewann	gewonnen	*Er hat im Lotto gewonnen.*
gießen		goss	gegossen	*Hast du die Blumen gegossen?*
gleichen		glich	geglichen	*Der Lehrer verglich die beiden Tests und fand in ihnen gleiche Fehler.*
haben	du hast er hat	hatte	gehabt	*Hast du jetzt Zeit für mich?*
halten	er hält	hielt	gehalten	*Der Wagen hält am Straßenrand an.*
hängen		hing (hängte)	gehangen (gehängt)	*Das Bild hing an der Wand.* *(hat ... gehangen)* *Er hängte das Bild an die Wand.* *(hat ... gehängt)* Akkusativergänzung → *hängte, gehängt*
heißen		hieß	geheißen	*Wie heißt du denn?*
helfen	er hilft	half	geholfen	*Hilfst du mir bitte?*
kennen		kannte	gekannt	*Kennst du dieses Mädchen?*
kommen		kam	gekommen (ist)	*Er ist in Stuttgart angekommen.*
laden	er lädt	lud	geladen	*Sie lädt mich oft zu Partys ein.*
lassen	er lässt	ließ	gelassen	*Warum lässt du die Kinder allein?*
laufen	er läuft	lief	gelaufen (ist)	*Warum läufst du so schnell?*
leiden		litt	gelitten	*Mein Großvater litt an Asthma.*

INFINITIV	PRÄSENS: 3. PERS. SG.	PRÄTERITUM	PARTIZIP II	BEISPIEL
leihen		lieh	geliehen	*Ich habe in der Bibliothek drei Bücher ausgeliehen.*
lesen	er liest	las	gelesen	*Was liest du gerade?*
liegen		lag	gelegen	*Er hat lange im Bett gelegen.*
lügen		log	gelogen	*Warum lügst du das Kind an?*
nehmen	er nimmt	nahm	genommen	*Nimmst du noch ein Stück Torte?*
nennen		nannte	genannt	*Er heißt Robert, aber seine Großmutter nennt ihn Robi.*
raten	er rät	riet	geraten	*Sie riet ihm, mehr Sport zu treiben.*
reißen		riss	gerissen (ist/hat)	*Seine Hose ist am Knie gerissen.* *Er hat den Brief zerrissen.* (Akkusativergänzung (*den Brief*) → *Perfekt mit „haben"*)
riechen		roch	gerochen	*Die Wohnung roch nach Blumen.*
rufen		rief	gerufen	*Hast du ihn angerufen?*
schaffen		schuf schaffte	geschaffen geschafft	*In den 60er Jahren schuf der Schriftsteller viele große Romane.* *(hat … geschaffen)* *Er schaffte die Prüfung.* *(hat … geschafft)*
scheinen		schien	geschienen	*Es war warm und die Sonne schien.*
schieben		schob	geschoben	*Wir haben unser Treffen auf morgen verschoben.*
schlafen	er schläft	schlief	geschlafen	*Schläfst du noch?*
schlagen	er schlägt	schlug	geschlagen	*Warum schlägt er sein Pferd?*
schließen		schloss	geschlossen	*Hast du das Büro abgeschlossen?*
schneiden		schnitt	geschnitten	*Sie schnitt die Torte in acht Stücke.*
schreiben		schrieb	geschrieben	*Er schrieb ihr viele Briefe.*
schreien		schrie	geschrien	*Warum schreist du so? Kannst du nicht leiser sprechen?*
schweigen		schwieg	geschwiegen	*Alle Schüler schwiegen, denn keiner wusste die Antwort.*

INFINITIV	PRÄSENS: 3. PERS. SG.	PRÄTERITUM	PARTIZIP II	BEISPIEL
schwimmen		schwamm	geschwommen (ist/hat)	*Er ist vom Strand bis zur Insel geschwommen.* *Er hat zwei Stunden im Schwimmbad geschwommen.* (Ortsveränderung → Perfekt mit *„sein"*)
schwinden		schwand	geschwunden (ist)	*Meine Tasche ist verschwunden! Ich suche sie schon seit Stunden!*
sehen	er sieht	sah	gesehen	*Du siehst heute sehr gut aus! – Danke!*
sein	er ist	war	gewesen (ist)	*Er ist schon lange nicht bei uns gewesen.*
senden	er sendet	sandte (sendete)	gesandt (gesendet)	*Er hat ihr ein Paket gesandt.* *Die Nachrichten werden um 9 Uhr gesendet.*
singen		sang	gesungen	*Sie sangen ein Lied.*
sinken		sank	gesunken (ist)	*Alles ist billiger, denn nach Weihnachten sind die Preise wieder gesunken.*
sitzen		saß	gesessen	*Er saß im Garten und las ein Buch.*
sprechen	er spricht	sprach	gesprochen	*Sprichst du Chinesisch?*
springen		sprang	gesprungen (ist)	*Er ist ins Wasser gesprungen.*
stehlen	er stiehlt	stahl	gestohlen	*Mein Portemonnaie ist gestohlen worden!*
steigen		stieg	gestiegen (ist)	*Die Benzinpreise sind gestiegen.*
sterben	er stirbt	starb	gestorben (ist)	*Sein Großvater starb 1966.*
stoßen	er stößt	stieß	gestoßen (ist/hat)	*Er ist mit dem Kopf gegen den Schrank gestoßen.* *Warum hast du mich gestoßen?* (Akkusativergänzung (*mich*) → *Perfekt mit „haben"*)
streichen		strich	gestrichen	*Ich habe alle Verben im Text unterstrichen.*
streiten		stritt	gestritten	*Die Kinder stritten sich um den Ball.*

INFINITIV	PRÄSENS: 3. PERS. SG.	PRÄTERITUM	PARTIZIP II	BEISPIEL
tragen	er trägt	trug	getragen	*Er trägt einen großen Koffer.*
treffen	er trifft	traf	getroffen	*Wo triffst du dich mit Eva?*
treiben		trieb	getrieben	*Sie treibt jeden Tag Sport.*
treten	er tritt	trat	getreten (ist/hat)	*Der Schüler ist ins Zimmer getreten. Warum hast du den Hund mit dem Fuß getreten?* (Akkusativergänzung (*den Hund*) → *Perfekt mit „haben"*)
trinken		trank	getrunken	*Sie tranken zusammen Wein.*
tun		tat	getan	*Was hast du denn mit deinen Haaren getan? Sie sind grün!*
vergessen	er vergisst	vergaß	vergessen	*Er hat meinen Geburtstag vergessen.*
verlieren		verlor	verloren	*Ich habe meinen Pass verloren!*
verzeihen		verzieh	verziehen	*Verzeihen Sie bitte, darf ich Sie etwas fragen?*
wachsen	er wächst	wuchs	gewachsen	*Der kleine Martin wächst so schnell!*
waschen	er wäscht	wusch	gewaschen	*Er wäscht seinen Wagen.*
wenden		wandte	gewandt	*Sie wandte sich an Herrn Pöll.* Auch regelmäßige Formen: *Der Maler verwendete meistens helle Farben. Wir haben diese Regel angewandt/angewendet.*
werden	er wird	wurde	geworden (ist)	*Ich bin Onkel geworden!*
werfen	er wirft	warf	geworfen	*Er wirft alles in den Müll.*
wiegen		wog	gewogen	*Bei der Geburt wog das Baby 3,20 kg.*
wissen	er weiß	wusste	gewusst	*Weißt du, wie diese Frau heißt?*
ziehen		zog	gezogen	*Das Pferd hat den Wagen gezogen. Ich wohne nicht mehr hier, ich bin umgezogen.* (*umziehen, einziehen, ausziehen:* Perfekt mit „sein")
zwingen		zwang	gezwungen	*Mein Vater hat mich gezwungen, zum Friseur zu gehen.*